Ralph Ludwig
Der Querdenker

Helmut Gollwitzer
1908–1993

Ralph Ludwig

Der Querdenker

Wie Helmut Gollwitzer
Christen für den Frieden gewann

*Herausgegeben von Uwe Birnstein
in der Reihe „wichern porträts"*

Wichern-Verlag

 *Ralph Ludwig, Dr. theol., geboren 1943, war zunächst Pfarrer in Heidelberg, dann von 1983 bis 2006 Redakteur beim Norddeutschen Rundfunk (Religion und Gesellschaft). Heute arbeitet er als Schriftsteller. Zahlreiche Veröffentlichungen zu theologischen Themen. In der Reihe „wichern porträts" ist von ihm erschienen: Die Prophetin. Wie Dorothee Sölle Mystikerin wurde (2008).*

Zitate von Helmut Gollwitzer sind kursiv gesetzt und im Original belassen.

© Wichern-Verlag GmbH, Berlin 2008
Umschlag: Glutrot GmbH, Berlin
Satz: NagelSatz, Reutlingen
Druck und Bindung: Elbe Druckerei Wittenberg GmbH
ISBN 978-3-88981-256-8

Inhalt

Vorwort
– 7 –

Erstes Kapitel
Der Skandal
– 9 –

Zweites Kapitel
Suchbewegungen
– 15 –

Drittes Kapitel
Hören und Lernen
– 23 –

Viertes Kapitel
Prediger auf Konfliktkurs
– 33 –

Fünftes Kapitel
Im Krieg gefangen
– 55 –

Sechstes Kapitel
Den eigenen Weg finden
– 67 –

SIEBTES KAPITEL
Forderungen der Freiheit
– 81 –

ACHTES KAPITEL
Krummes Holz, aufrechter Gang
– 95 –

NEUNTES KAPITEL
Abschiede
– 107 –

Lebensdaten
– 116 –

Bildnachweis
– 118 –

Bibliografie
– 119 –

Zitate
– 120 –

Vorwort

Klein, kaum 1 Meter 70 groß, rundlich, mit großen, etwas ratlosen Augen hinter dicken Brillengläsern, er steckte in einem grauen Anzug – so traf ich Helmut Gollwitzer am 12. November 1989. Er empfing mich freundlich, war zunächst verwirrt, erinnerte sich nicht, dass ich ihn interviewen wollte. Wenig später saß ich mit dem Mikrofon neben ihm auf dem alten Sofa im Dahlemer Haus, da veränderte er sich mit einem Mal. Er sah mich aufmerksam an, die unvermeidliche Pfeife im Mund, seine bis dahin matten Augen begannen zu blitzen. Kaum hatte ich die erste Frage gestellt, drängte es aus ihm heraus: *Ein Zentralwort des Christseins, überhaupt des Menschseins, ist der Dank. Dass wir fröhliche, dankbare Menschen sein dürfen, das verdanke ich dem Evangelium, und das möchte ich weitergeben in diese unfrohe Kirche und in diese unfrohe Menschengesellschaft hinein.* Und nach einer kleinen Pause: *Das wäre dann doch die Kunst, diese fröhliche Dankbarkeit nicht zu verlieren durch die Solidarität mit den Elenden und den Weinenden.*

Wie anders wirkt das Bild, das die Medien vor allem in den siebziger Jahren von Gollwitzer gezeichnet haben! Einen Revoluzzer nannten ihn Zeitungen, Zerstörer unserer wohlverdienten Lebensverhältnisse, geistigen Vater studentischer Aufrührer, Verführer der Jugend. Als er gestorben war, überschlugen sich die gleichen Medien in Lobreden, als habe sich bereits ein Tuch des Vergessens über sein Auftreten als *politischer Christ*, wie er sich selbst bezeichnete, gelegt.

Aber wer steckt hinter dieser Fassade öffentlicher Aufmerksamkeit? Darauf gibt dieses Porträt eine Antwort, versucht einen Menschen zu fassen, der weit über tausend Veröffentlichungen vorweisen konnte, anerkannt von vielen Universitäten, die ihm die Ehrendoktorwürde verliehen. Helmut Gollwitzer war Freund von Bundespräsidenten und revoltierenden Studenten, ein rätselhafter und zugleich fast einfältig frommer Mann. Die Publizistin Carola Stern hat ihre unverhohlene Sympathie für Gollwitzer in das Prädikat „Provokateur und Aufwiegler in Sachen Gerechtigkeit" gelegt. Daran ist richtig, dass er sich nie den Mund verbieten ließ, nur um Beifall von der falschen Seite zu vermeiden. Quer zur politischen Mehrheit denkend und redend war er ein „sozialistischer Demokrat", der, wie er selbst einmal sagte, auch in einem sozialistischen Staat ein unbequemer Zeitgenosse gewesen wäre – ebenso wie er es in einem „kapitalistischen" Staat war. Angst vor Missverständnissen war ihm unbekannt, ängstliche Vorsicht und „political correctness" ein Gräuel. Ein Querdenker eben. Aber ein Mensch, der zugleich auch seelsorgerlich dachte und fühlte, den Menschen hinter Meinungen und Ideologien suchte und oft fand. *Ich bin ein sehr rationaler Protestant*, sagte er mir zum Abschied mit dem gemütlich klingenden oberfränkischen Akzent, den er lebenslang nicht ganz verloren hat – *ein nüchterner Alltagschrist*.

Erstes Kapitel
Der Skandal

❖

*Alles, was wir tun, hat unendliche Perspektiven –
Folgen bis in die Ewigkeit;
es hört nichts auf.*

❖

Damenbesuch mit Folgen

Es begann alles ganz harmlos. Eine junge Frau, Vikarskollegin von Helmut Gollwitzer, besuchte ihn auf seinem Zimmer im Münchner Predigerseminar. Genauso diskussionsfreudig wie der Gastgeber, verwickelte sie den Vierundzwanzigjährigen, der gerade ein glänzendes Examen gemacht hatte, in ein heftiges Gespräch. Ob es nun die Diskussionsfreude war oder einfach die Aufmüpfigkeit junger Menschen, jedenfalls verstießen die beiden gegen die strenge Vorschrift, die Damenbesuch auf den Zimmern der Predigtamtskandidaten untersagte. Kaum hatte die junge Frau das Seminar verlassen, da bestellte der Studieninspektor den Kandidaten Gollwitzer zu sich. Gollwitzer versuchte sich zu rechtfertigen, man habe schließlich nur über theologische Themen diskutiert. „Darum geht es nicht!", erwiderte der Studieninspektor, „Sie haben eine Vorschrift verletzt, und das muss geahndet werden! Ich stelle Sie vor die Wahl: Entweder Sie kündigen freiwillig oder wir müssen Sie von unserer Seite aus dringend bitten, das Haus zu verlassen!"

Man kann sich leicht vorstellen, wie dem jungen Mann zumute war. Er war wie vor den Kopf geschlagen. Ihm war der Vorfall unendlich peinlich – gerade ein halbes Jahr war er Kandidat, und nun musste er gehen. Und was sollte er seinen Eltern sagen? War nicht sein Vater, zu dieser Zeit lutherischer Pfarrer in Reutin bei Lindau, vor Stolz fast geplatzt, als sein Sohn im April 1932 wegen seines ausgezeichneten Examens sofort ins Predigerseminar aufgenommen worden war? Für ihn war das Seminar in München doch „die Stätte höchster Auszeichnung für bayerische Pfarrer und das Sprungbrett für weiteren Aufstieg". Und nun diese bittere Enttäuschung. Für den Vater stürzte der „Himmel voll Stolz und Freude und Hoffnung" ein, als die amtliche Entlassung beim Evangelischen Dekanat München eintraf. „Betreff: Streichung aus der Kandidatenliste. Der Predigtamtskandidat Herr Helmut Gollwitzer, z. Z. im Predigerseminar München, wird auf Ansuchen aus unserer Kandidatenliste gestrichen und mit Wirkung des 20. ds. Mts. an aus dem Predigerseminar München entlassen", hatte der Evangelisch-Lutherische Landeskirchenrat mitgeteilt.

Den wahren Anlass der Streichung aus der Kandidatenliste überging die Kirchenleitung. Ob der Vater vollkommen informiert war, steht dahin, jedenfalls machte er sich seinen eigenen Reim auf die Entlassung. „Helmut scheint durch seine theologischen Extravaganzen wie durch seine praktische Lebensanschauung den Oberherren in München schon längst auf die Nerven gegangen zu sein, Gerhard [der ältere Bruder von Helmut; d. Vf.] sprach ganz richtig von Helmuts revolutionärer Gesinnung, er fühlte sich anscheinend zum Reformator im Predigerseminar berufen."

Mag sein, dass der Vater sich diesen ehrenhaften Grund herbeigewünscht hat. Ganz falsch allerdings hat er die Lage auch nicht eingeschätzt. Er ahnte die elementare Energie des Sohnes. Nur noch aus der Ferne konnte er miterleben, dass sein Sohn eine Stütze der Bekennenden Kirche in Berlin wurde, aber er hat noch mitbekommen, dass sein Helmut ins Gefängnis musste – und war stolz auf ihn. Zu Recht.

Dass der aufmüpfige Theologe, der damals kleine, blasse, dünne Mann, später einmal, als er aus der sowjetischen Gefangenschaft zurückkehrte, eine neue Welle evangelischer Frömmigkeit auslösen würde, dass er in der Debatte um Aufrüstung und Frieden ein „Querdenker" bleiben würde, an dem viele sich aufrichten und andere sich wund reiben sollten – von all dem ahnte in dieser Zeit vor der „Machtergreifung" Hitlers niemand. Die Leidenschaft für eine menschlichere Gesellschaft, in der Zivilcourage als herausragende christliche Tugend galt, entfernte ihn weit von der konservativen Theologie seines Elternhauses – und doch sollte er ein Gefühl des Respekts der Tradition gegenüber empfinden und anderen abverlangen. Eine Haltung, die selbst den Studentinnen und Studenten der unruhigen 68er Generation Respekt abforderte. Gollwitzer formulierte gerade in diesen unruhigen Zeiten weit über die Gegenwart hinausweisende theologische Einsichten.

Alle diese Gedanken waren 1932 Zukunftsmusik, davon konnte auch der eher bescheidene Kandidat nichts wissen. Was ihm bewusst war, war lediglich seine elementare Leidenschaft für eine den aktuellen politischen und gesellschaftlichen Fragen aufgeschlossene Theologie. Ein Damenbesuch freilich ließ sich damit auch nicht rechtfertigen, selbst wenn es, wie Gollwitzer lebenslang beteuerte, lediglich theologische Diskussionen waren, um die es den beiden ging. Genaueres wissen wir nicht.

Dem ahnungslosen Münchener Studieninspektor kann man jedenfalls nichts vorwerfen. Aber vielleicht schwante ihm, dass er ein anderes Kaliber vor sich hatte als die braven Kandidaten, die er zuvor hatte maßregeln müssen. Denn der Damenbesuch allein erklärt sein rigoroses Vorgehen nicht. Warum hat er die geringfügige Verfehlung nicht einfach unter den Tisch fallen lassen oder mit einer ernsten Ermahnung geahndet? Es kann gut sein, dass der Vorfall lediglich ein willkommener Anlass war, den Kandidaten aus dem Seminar zu entfernen. Gründe dafür gab es reichlich. Vielleicht war dem strengen Lutheraner die Begeisterung des Kandidaten für den reformierten Theologen Karl Barth sauer aufgestoßen? Und gab es nicht Gerüchte, dass Gollwitzer mit den Sozialisten sympathisierte? Bei einer Versammlung soll er die „Internationale" mitgesungen haben. Schon sein theologischer Ziehvater Karl Barth hatte doch einen miserablen Ruf unter den konservativen Lutheranern. War der Schweizer reformierte Professor nicht erst vor kurzem der Sozialdemokratischen Partei beigetreten – mit der trotzigen Begründung, er werde ohnehin ständig als Sozialist angegriffen, da könne er auch gleich Parteimitglied werden! Hinzu kam wahrscheinlich, dass Gollwitzer sich schwer unterordnete. Theologisch vertrat er eine Außenseiterposition, die auf Konfrontation mit dem allgemeinen kirchenpolitischen Trend zielte.

Gollwitzer selbst jedenfalls hat den Vorfall nach eigenen Worten bis an sein Lebensende nicht ganz verwunden. Das sei der *wunde Punkt* in seinem Leben, *eine Schande*, die ihn quälte. Vor allem gegenüber seinen Eltern verspürte er ein Schuldgefühl. Zu genau wusste er, dass beide die bayerische Landeskirche als ihre geistliche und geistige Heimat empfanden – und gerade damit hatte ihr Sohn Helmut mit der Kündigung endgültig gebrochen. Einzig seine jüngere Schwester Inge unterstützte ihn gegen die Vorwürfe des Vaters, sie gratulierte ihrem Bruder sogar zum Bruch – wie sie hoffte – mit der Kirche überhaupt. Inge war zum Kummer ihrer Eltern allerdings zum Katholizismus konvertiert.

Es fällt auf, dass Gollwitzer schon damals wenig von seinen inneren Konflikten nach außen dringen ließ. Wir werden auf diese Besonderheit seiner Person noch mehrfach stoßen. Das macht es einem Biografen nicht leicht, sein Wesen genauer zu erfassen, über seine Motive, die Schwierigkeiten, mit denen er kämpfen musste, Auskunft zu geben. Ist es tatsächlich so, dass ihm Gefühlsausbrüche und Verzweiflung fremd waren? Und wenn ja – war das schon beim jungen Mann so oder sind das Wirkungen der Nazizeit, der Kriegs- und Gefangenschaftsjahre?

Sein theologischer Lehrer Karl Barth, damals ordentlicher Professor in Bonn, reagierte mit einer Mischung aus Zuneigung und Humor. Er schickte dem jungen Theologen 100 Reichsmark, er solle doch gleich nach Bonn übersiedeln und bei ihm eine Doktorarbeit anfangen.

Eine Weichenstellung – aber wohin?

Im Nachhinein war der *Skandal-Abgang*, wie Gollwitzer ihn später selbst nüchtern nennt, wohl die entscheidende Weichenstellung für seinen weiteren Lebensweg. Kann man sich denn einen Gollwitzer vorstellen, der in der Münchener Pfarrerschaft während der Nazizeit kirchlich Fuß gefasst hätte? Hätte Gollwitzer in München so rasch und entschieden Anschluss an die „Bekennende Kirche" gefunden und nach dem Krieg die offene Auseinandersetzung mit dem Sozialismus gesucht? Sein Weg war ein anderer als der eines bayerischen Pfarrers – und man kann die Vikarin nur beglückwünschen, dass sie gemeinsam mit dem „Jüngelchen mit zerknitterten Hosen" das Besuchsverbot ignoriert hat.

Aber wie sollte es nun weitergehen, nachdem eine Anstellung in der bayerischen Kirche unmöglich geworden war? Gollwitzer wählte das Nächstliegende und nahm die Einladung von Karl Barth an. Im Dezember 1932 schon beginnt er in Bonn an seiner Dissertation zu arbeiten, im Herbst 1933 kehrt er ins elterliche Pfarrhaus zurück und arbeitet in den Gewölben der mittelalterlichen Stadtbibliothek unter dem Lindauer Rathaus weiter. Promoviert allerdings wird Gollwitzer erst im Jahr 1937 von Karl Barth in Basel. Seine Doktorarbeit widmet er seinen Eltern – eine späte Wiedergutmachung für den Schrecken, den er ihnen mit seinem Abgang aus München zugefügt hatte. Der Titel „Coena Domini. Die altlutherische Abendmahlslehre in ihrer Auseinandersetzung mit dem Calvinismus, dargestellt an der lutherischen Frühorthodoxie" klingt, als habe er einen historischen Streit aufgewärmt. Doch schon im Vorwort der über 320 Seiten starken Untersuchung blitzt das kirchenpolitische Ziel auf: endlich die unselige Trennung zwischen den Lutheranern und den Reformierten in der Abendmahlsfrage zu beseitigen, indem man sich klarmacht, dass die alten Argumente gegeneinander längst als falsch entlarvt sind. Heute liest sich die Arbeit wie eine Vorahnung der Einigung zwischen den reformierten und lutherischen Kirchen, die erst in der „Arnoldshainer Konferenz" 1967 erreicht wurde.

Die wissenschaftliche Karriere Gollwitzers begann allerdings erst nach dem Krieg. Wie konnte es kommen, so fragte Gollwitzer sich selbst in seinen Erinnerungen, *dass ich als bayerischer lutherischer Pfarrerssohn von der rechtesten Seite der Hitlerverehrung nach links gerutscht* war? Er selbst beantwortet die Frage nicht. Allein an seinem großen theologischen Lehrer Karl Barth kann das nicht gelegen haben. Auch nicht an Martin Luther, den er seinen zweiten großen theologischen Lehrer genannt hat. Dessen Vorlesungen hatte der junge Pfarramtskandidat regelrecht verschlungen, als sie – neu entdeckt – 1924 veröffentlicht wurden. Luthers theologische Erben waren zu Zeiten der Weimarer Republik eher konservativ und national ausgerichtet. Die Gründe für den „Linksrutsch" müssen wohl in Gollwitzer selbst gesucht werden. Offenbar hatte er schon als Student einen eigenen und eigenwilligen theologischen Weg eingeschlagen.

Zweites Kapitel
Suchbewegungen

❖

*Es kann mir nichts geschehen –
ich bin in höchster Gefahr.*

❖

Jugendbewegt und widersprüchlich

Die Eltern hatten ihrem Sohn eigentlich alle Voraussetzungen für die ordentliche Laufbahn eines bayerischen Geistlichen mitgegeben. Er wuchs in einem veritablen Landpfarrhaus auf, in einer ernsthaften fränkisch-frommen Umgebung. Die Eltern waren keine engen Pietisten, davon zeugen er wie auch seine vier diskussionsfreudigen Geschwister, die ihren Eltern mit ihren Fragen und Diskussionen oft auf die Nerven gingen. Alle fünf waren, sobald sie herangewachsen waren, an den aktuellen gesellschaftlichen Fragen lebhaft interessiert. In seinen Erinnerungen sah Gollwitzer darin das Reizklima eines *ganz selbstverständlichen und ohne bewusste Wahrnehmung politischen Christentums. Mein Vater war konservativer Theologe und gleichzeitig selbstverständlich streng national, was hieß, rechts, königstreu (gegenüber den Wittelsbachern), das Militär bejahend.* Die Mutter, Barbara, war Pfarrfrau im besten Sinn. Sie stand ihrem Mann zur Seite, mehr noch: Sie *ergriff die Aufgabe der Pfarrfrau mit ganzer Seele als ihren Beruf,* sie bewies *die Unentbehrlichkeit der Pfarrfrau bei der Tätigkeit des Pfarrers,* wie Gollwitzer später sich erinnert. Eine Jugendfreundin meinte, die Mutter sei „die einzige glaubwürdige Christin", die sie bisher getroffen habe – ein Urteil, in das alle Geschwister einstimmen konn-

1929

ten. „Ihr Christsein war es wohl auch vor allem, was uns alle, wenn auch auf ganz verschiedenen Umwegen, bei der Achtung vor dem christlichen Glauben festgehalten hat und beim Hören des Evangeliums und uns wieder zu ihm zurückfinden ließ."

Über die liberalen Diskussionen erzählte Gollwitzer später mit großem Stolz. Wenig aber erfahren wir über die emotionale Atmosphäre im Gollwitzer'schen Pfarrhaus. Ganz oben stand etwas anderes als die liebende Wärme. *Eines muss ich als besonders wichtig noch hervorheben*, hielt der alte Gollwitzer fest: *Beide Eltern haben uns durch ihr Vorleben und durch die Atmosphäre in ihrem Haus eine Skala von Werten vermittelt, die für unser aller Leben entscheidend war, erst recht in dieser Mammongesellschaft mit ihren Privilegien und Hack- und Rangordnungen ... Mit seinem Gewissen im reinen zu sein ist wichtiger, als was man für Folgen zu tragen hat.* Es sind vor allem *Lebensregeln* gewesen, die Helmut aus seinem Elternhaus mitnahm.

Die Mutter überlebte den Vater, der 1939 starb, um fast vierzig Jahre. Dankbar erinnerte sich der alte Gollwitzer, wie viel lebendige Sorge sie getragen hat: *Ihr übergroßes Verantwortungsgefühl für ihre Kinder ist sie nie losgeworden. Ihre Kinder waren für sie immer, auch als Erwachsene, die ihr zur Erziehung anvertrauten. Ging ich zum Oktoberfest oder in den Münchner Fasching, so entließ sie mich, den Theologieprofessor, nie ohne die Worte: ‚Gell, Helmut, Du denkst auch daran, dass Du ein Pfarrer bist.'*

Eine gute Mischung: ein national-konservativer Vater, eine fromme, besorgte Mutter – die Kinder freilich eiferten dem Vorbild der Eltern auf sehr eigene Weise nach. Der älteste, Gerhard, studierte Kunstgeschichte in München, die ältere Schwester Inge, Altphilologin, konvertierte zum Katholizismus, Schwester Gerda wurde Gartenbauarchitektin, der jüngere Herbert wurde Jurist und Betriebswirtschaftler. Einzig Helmut wandte sich der Theologie zu.

Aber bis dahin war es noch ein weiter Weg: Zunächst sehen wir den Dreizehnjährigen, der sich für den „Deutsch-Nationalen Jugendbund" begeistert, eine eher rechtsgerichtete Jugendorganisation. *In sauberem Matrosenanzug saß ich sittsam bei den Ortsgruppenabenden und hörte die Ansprachen des Herrn Vorsitzenden über den Schandvertrag von Versailles und die Bosheit der Novemberverbrecher. Ab und zu kamen pensionierte Generäle, predigten bei Kaffee und Bier den Kampf für Deutschlands Wiederaufstieg zu einstiger Größe* – ein geistiger Hintergrund, der verstehen lässt, warum Gollwitzer sich beim Putsch Hitlers in München am 9. November 1923 als Meldejunge der Lindauer SA betätigt hat.

Der „ganz normale Antisemitismus"

Einen Hang zur nationalsozialistischen Idee kann man dem Jungen dennoch nicht unterstellen. Obgleich deren Bodensatz sehr wohl bei ihm vorhanden war. Antisemitismus? Den hat Helmut gleichsam mit der Muttermilch eingesogen. Später „beichtet" er in seinen Erinnerungen den *Inhalt eines fünfzehnjährigen Kopfes* folgendermaßen:

Ein Jude ist kein Deutscher und kann keiner sein; denn zwischen Juden und Deutschen besteht ein tiefer Wesensunterschied. Das Ideal der Juden ist der Händler, der unsrige ist der Held. Es besteht ein tiefer Unterschied zwischen schaffendem Kapital und raffendem Kapital ... Das Judentum hat keine produktiven Genies hervorgebracht, seine Begabung ist einseitig der kritische Verstand, darum hat er kein Gefühl für die germanischen Höchstwerte: Treue, Ehre, Führer und Gefolgschaft – also für Werte, die man nicht mit dem Verstand erfassen kann.

Im Elternhaus habe kein bösartiger Antisemitismus geherrscht, es verkehrten dort einzelne jüdische Menschen, von Ritualmorden und ähnlichen Gräueltaten war nie die Rede – aber eben deshalb sei es bezeichnend und typisch, dass die zitierten Gedanken in seinem Kopf als *selbstverständliche Wahrheit vorhanden sein konnten.*

Freilich: So ungebremst und ohne weitere Diskussionen konnte sich dieses Bild der Juden ebenso wenig im Kopf des jungen Helmut festsetzen wie andere Ideologien. Dazu waren er und seine Geschwister viel zu offen für Diskussionen und das Hinterfragen selbstverständlich scheinender Gedankengebäude. Der jugendbewegte Lebensstil, dem alle Kinder im Pfarrhaus Gollwitzer huldigten, führte zu leidenschaftlichen Diskussionen. *Beide Eltern*, so erinnert sich Gollwitzer später, *bewiesen damals eine Liberalität, die ich ihnen hoch anrechne. Papa tolerierte unsere anderen Wege ohne Verbote, aber auch ohne seine Missbilligung zu verschweigen. Mama bemühte sich, verstehend mitzugehen. So gab es mit Papa heftige Auseinandersetzungen, lange Nachtgespräche, oft in Nachthemden zwischen den Türen, über theologische und politische Fragen, bei denen Mama, manchmal etwas hilflos, zu glätten sich bemühte. Erst als ein Nachbarpfarrer einmal erstaunt sagte, seine Kinder dürften es nicht wagen, mit ihm so umzuspringen, merkte ich, wie wenig selbstverständlich die Toleranz Papas mitten im Streiten gewesen ist.*

Die Lust am Diskutieren hat dem jungen Helmut, als er von der Realschule Lindau, die er von 1919 bis 1925 besuchte, in das ehrwürdige Gymnasium bei St. Anna in Augsburg überwechselte, einen Tadel eingetragen. „Seine große Neigung zur Unruhe im Unterricht wird mehrfach beanstandet", vermerkte das Winterzeugnis 1927.

Frühe Einsichten

Er selbst fand den Unterricht – vor allem in Deutsch – zu wenig aktuell, er vermisste, wie er sich als alter Mann erinnerte, *die ausdrückliche Beziehung zwischen dem eigenen gegenwärtigen Leben und dem Unterrichtsstoff.* Er las viel – keine theologische Literatur, den in den Regalen seines Vaters stehenden *schwarzen Bänden* konnte er keinen Geschmack abgewinnen. Begeistert aber war er von der zeitgenössischen Literatur – Stefan George, Rainer Maria Rilke, Jakob Wassermann. In der Schule fand diese Richtung kein Echo. So lebte er in zwei Welten – der schulischen und der Lebenswirklichkeit. Eine Belastung sicherlich, aber das war nur die eine Seite. Die andere: Der Widerspruch spornte zur eigenständigen Auseinandersetzung an und forderte die geistigen Fähigkeiten heraus, einen eigenen Standpunkt in den *Problemen und Verwirrungen unserer Zeit* zu finden. *Schon in der Gymnasialzeit entdeckte ich als Sohn eines streng deutsch-nationalen, theologisch konservativen, lutherischen, bayerischen Pfarrers, dass Pazifisten nicht notwendig verächtliche Feiglinge sind, Sozialisten nicht notwendig verächtliche Novemberverbrecher und Juden nicht notwendig von Gott verdammte Menschen. Von da an begann meine Marxlektüre und während der Studentenzeit Diskussionen mit linken Kommilitonen.*

Zukunftspläne? Ja – aber mit der Theologie hatten sie zunächst wenig zu tun. Wäre es nicht möglich, seinen literarischen Leidenschaften zu folgen und Dichter zu werden? Der Primaner füllte Hefte mit eigenen Gedichten, und er lebte auf, wenn er die Augsburger Singgemeinde besuchte. Überhaupt – Musik und Singen liebte er von Kind an. Sein theologischer Schüler und Assistent in Berlin, Friedrich-Wilhelm Marquardt, erlebte diese Seite häufig: „Gollwitzer hat bis in seine alten Tage leidenschaftlich gern Volkslieder gesungen. Sie wurden ihm zu einem unvergesslichen Erbe der Jugendbewegung. Wer später in seiner Nähe übernachtete, hörte ihn bereits in der Frühe singen. Auch in seiner Alterszeit endete kein Geburtstag, ohne dass er ihn, mit wie gebrochener Stimme auch immer, mit dem Vorsingen einiger solcher Lieder beschlossen hätte. Am tiefsten lebten alpenländische Volks- und Krippenlieder in ihm, wie der steiermärkische Erzherzog-

Johann-Jodler oder das von ihm besonders geliebte Alttiroler Weihnachtslied ‚Buama, potz schliggra!'"

Dichter – oder doch lieber Prediger?

Aber Theologie und Kirche? Den Weg seines Vaters einschlagen, das war nicht seine Sache. Er begann in München Philosophie zu studieren. Sein älterer Bruder Gerhard hatte schon den Primaner zu einem Gesprächskreis beim Münchner Studentenpfarrer, Georg Merz, mitgenommen. Dort wurde das erste Interesse an der Theologie geweckt – allerdings auf eine sonderbare Weise. Man las damals Martin Luthers Schrift „Vom unfreien Willen", ein schwieriger Diskurs, der ursprünglich in Latein verfasst und dessen neue deutsche Übersetzung 1924 erschienen war. Der Herausgeber, der systematische Theologe Friedrich Gogarten, der damals in Jena lehrte, hatte dazu ein Nachwort geschrieben, das heftige Diskussionen unter den Studenten ausgelöst hatte. Worum es eigentlich ging, daran kann sich Helmut Gollwitzer später nicht mehr erinnern – *was wohl daher rühren dürfte, dass ich nicht das Geringste verstanden habe. Jedenfalls saß ich immer stumm dabei und wunderte mich, dass Gott ein so schwieriger Gegenstand sei.* Gerade dieses Moment scheint Gollwitzer herausgefordert zu haben. *Mir sind jene Abende heute ein Beispiel dafür, dass einem jungen Menschen auch Diskussionen, die hoch über seinen Kopf weggehen, wichtig sein können; denn an diesen Abenden hat sich mir der Entschluss, mich dem Theologiestudium zuzuwenden, endgültig befestigt.* Was genau seinen Entschluss zum Theologiestudium ausgelöst hat, davon berichtet er nichts. Zu Beginn des Wintersemesters 1928/29 schreibt er sich in Erlangen als Theologe ein, doch noch immer glüht die alte Begeisterung für die Lyrik in ihm nach. Im Sommer 1929 scheint er dem alten Traum noch immer nachzuhängen. Wenn sie sonntags von Jena aus mit dem Fahrrad aufs Land hinaus radelten, um den Predigten von Gogarten in dessen Wohnort zu lauschen, waren die sonnigen Nachmittage im Garten eines Freundes davon geprägt: *Wir lagen im Garten, ich rezitierte Gedichte, von denen ich den Kopf voll hatte, und klagte, dass vielleicht Germanistik doch erbaulicher zu studieren sei als Theologie.* Einer seiner Kommilitonen meinte damals streng, „man muss immer dahin, wo es ernst ist, und ernst ist es nicht bei deinen Gedichten, sondern erst bei der Theologie". Was der junge Helmut bestritt, aber doch wohl nicht mit vollem Ernst, denn als er im Wintersemester 1929/30 nach Erlangen zurückkehrte, bereitete er sich innerlich auf einen radikalen Bruch vor. Friedrich-Wilhelm Marquardt berichtet, Gollwitzer habe später oft erzählt, er habe sich damals regelrecht geistig und seelisch selbst gereinigt, mit den alten „Liebschaften" aufgeräumt. Gollwitzer selbst erinnert sich, er habe *in feierlicher Weise einen Strich unter mein bisheriges Leben* gezogen. *In den Wochen zuvor war ich aus meinem jugendbewegten Bund ausgetreten, hatte meine Primanerliebe liquidiert und – zu meinem größten Bedauern – meinen jugendbewegten Briefwechsel vernichtet.* Auch nahm er Abschied von jeder Form des jugendlichen Idealismus, der ihn damals beflügelt hat. Es wäre aufschlussreich, wenn Gedichte des jungen Helmut noch erhalten wären. Man hätte vielleicht mehr vom jugendlichen Überschwang, von Sehnsüchten und Fantasien eines Heranwachsenden erfahren. Aber wie zu Beginn schon angedeutet: Gollwitzer ließ nur wenig davon nach außen dringen. „Es wirkte wie eine mönchisch übersteigerte Vorbereitung auf den Eintritt in eine neue Welt und in ein neues Leben", urteilt Marquardt über diese Lebensphase.

DRITTES KAPITEL

Hören und Lernen

❖

Dieses Leben ist ungeheuer wichtig.

❖

Die erste Begegnung mit Karl Barth

Am 1. Mai 1930 war es dann so weit. Gollwitzer läutete *mit reichlich klopfendem Herzen an einem Eckhause der Siebengebirgsstraße im Bonner Süden.* Wie sollte die erste Begegnung mit dem Mann verlaufen, den er aus der Ferne schon so verehrt hatte, dessen scharfe theologische Urteile er nahezu vorbehaltlos übernommen hatte und von dem er *mit einem uneingeschränkten, ja unermesslichen Vertrauen erhoffte,* die nötige Führung in der Theologie zu finden? Von alledem erfahren wir nur wenig. Gollwitzers Notizen über diese Begegnung sind nüchtern. *Nun sah ich ihn zum ersten Male,* notierte er. War er enttäuscht? Angerührt? Ehrfürchtig? Welche Gefühle ihn bewegt haben, verschweigt er. Geradezu sparsam fährt er fort: *Ich berichtete von meinem philosophischen Erlebnis, der Phänomenologie, der ich in München begegnet war, und von meinem Studium.* Mehr erfahren wir nicht.

Die *Führung* durch Barth allerdings fiel ganz anders als erwartet aus. Gollwitzer gehörte zwar rasch zum engsten Kreis um den verehrten Professor, zeitweilig hatte ihn sogar der Ehrgeiz gepackt, *Karl Barths Eckermann zu werden und die Gespräche mit ihm aufzuzeichnen.* Gollwitzer war Famulus bei Barth und ging in seinem Haus ein und aus. Aber Barths Art, den Kreis der um ihn versammelten Schüler zu führen, war alles andere als eine Führung am kurzen Zügel. Schon bei der ersten Begegnung konfrontierte Barth seinen neuen Schüler mit Porträts zweier bedeutender Theologen, deren Ansichten Barth ablehnte: mit Adolf von Harnack, einem bedeutenden Berliner systematischen Theologen, und Friedrich Daniel Ernst Schleiermacher, dem großen protestantischen Theologen in der ersten Hälfte des 19. Jahrhunderts. Beide Porträts hingen im Treppenhaus von Barth, und als Gollwitzer fragend darauf deutete: *Herr Professor, ich habe gedacht, Sie sind gegen die?!*, antwortete Barth lächelnd: „Sie gehören trotzdem alle dazu; wir müssen ja auch froh sein, wenn wir dazu gehören dürfen", und dass das theologische Gericht sehr wohl vom Jüngsten Gericht zu unterscheiden sei. Das milde Urteil befremdete Gollwitzer anfänglich. Im Rückblick urteilt er, er sei wie viele aus dem jungen Schülerkreis um Barth überzeugt gewesen, *an der Spitze des geistigen Lebens der damaligen Zeit zu marschieren*, habe im jugendlichen Überschwang die eigene theologische Position für die allein selig machende gehalten und alle von außen kommenden Anfragen als gegenstandslos beiseite gewischt. Eine Haltung, die Barth immer wieder zu durchkreuzen suchte. Am Ende des Sommersemesters 1931, in dem Barth über Schleiermacher lehrte, haben seine Schüler ihm spaßhalber eine kleine selbst gebastelte Guillotine überreicht, um Schleiermacher endlich – wenn auch nur symbolisch – hinzurichten. *Wir rüsteten uns zu einer großen Metzelei und freuten uns auf den Leichenschmaus.* Aber nichts dergleichen geschah. Barth aber rückte am nächsten Tag die radikale Ablehnung des großen Theologen zurecht: „Verstehen Sie denn nicht, weshalb ich Sie nötige, mit Schleiermacher so intim sich zu beschäftigen? Wenn wieder einmal eine neue Schleiermacher-Welle kommt, wie wollen Sie denn zur Auseinandersetzung in der Lage sein?" Gollwitzer hielt das damals für unmöglich. Aber Barth sollte recht behalten.

Der junge Theologe hat bei Barth – neben einem reichen Schatz an theologischem Fachwissen – vor allem eines gelernt: die Achtung vor der geistigen Leistung anderer, vor allem der theologischen Gegner, aber auch der politisch Andersdenkenden.

Doch Barth ging es nicht nur um die Entwicklung theologischer Diskussionsfähigkeit. Er hat seinen Schüler Gollwitzer noch in anderer Richtung tief geprägt. Das betrifft zum einen die persönliche Frömmigkeit. Man kann sich leicht vorstellen, dass die jungen Studenten eine Art intellektuellen Hochmuts kultiviert haben, ihre Überlegenheit gegenüber dem scheinbar einfachen „frommen" Leben mit seinen religiösen Zutaten. Gollwitzer erinnerte sich: *Einmal überraschte er uns mit einem Geständnis in einer Rede am Semesterschlussabend ... er habe oft die Neigung, jeden einzelnen von uns neben sich zu setzen und zu fragen: ‚Nun, lieber Bruder, wie steht es eigentlich mit deinem Herzen?' Unseren Verstand sehe er in erfreulicher Bewegung, wo wir aber selber seien, das sei ihm leider völlig ungewiss.* Dass Barth, der von vielen als aufgeklärt geltende Theologe, plötzlich in pietistischer Manier nach dem persönlichen Glauben fragte, war Gollwitzer wie vielen seiner Kollegen nahezu peinlich:

Wir waren zu hochmütig, um das bußfertig anzuhören, sondern missbilligten, dass ein Mann, der uns vom Pietismus befreit hatte, uns so pietistisch käme. Erst später konnte ich bemerken, dass gerade diese Ermahnung bei einigen von uns als lange wirkender Stachel hängen blieb. Bei ihm selbst auch – allerdings im positiven Sinn. Das Fundament seiner ausgeprägten geistlichen Orientierung hat Gollwitzer sicher aus seinem Elternhaus mitgebracht. Doch hat er sie gleichsam als eine zweite Naivität im Kreis um Barth neu gewonnen. Oft hat er später Ereignisse seines eigenen Lebens mit Bibelworten verwoben, Psalmen und Gesangbuchverse legt er mitunter wie ein Transparent über sein Leben, das durch diese Worte neue Farben gewinnt.

Von der inneren Entwicklung in dieser Zeit berichtete Gollwitzer nur spärlich. Dabei war die Zeit neben der Theologie durchaus erfüllt. Häufig war er im Haus seines Lehrers zu Gast, als Famulus hatte er Familienanschluss. Er spielte mit der Tochter Fränzeli Tennis, macht Ausflugsfahrten mit ihr und deren Geschwistern. Was ihn dabei bewegt hat, davon berichtete er nichts. Lebensträume, sich wandelnde Wünsche und Fantasien eines jungen Wissenschaftlers und temperamentvollen Mannes, das macht er mit sich selbst aus. In seinen Erinnerungen geht es stets nur um theologische und kirchliche Themen, die er mit Barth diskutiert hatte.

Eine frühe „politische Theologie"

In einer besonderen Hinsicht war Barth in dieser Zeit zu seinem großen Vorbild geworden: Es geht um die Wirklichkeitsnähe der Theologie. Die „Offenen Abende", zu denen Barth regelmäßig einlud, waren stets gesellschaftlichen und politischen Themen gewidmet. Dass Theologie sich nicht zurückzieht aus der Diskussion um die aktuellen Krisen der Gesellschaft, sondern sich ihnen stellt, war für viele Theologen damals eine fremde Vorstellung. Die traditionell orientierten lutherischen Theologen scheuen vor politischen Themen zurück, ihre strenge „Zwei-Reiche-Lehre" untersagte Theologen jede Einmischung in politische Fragen, um solche ging es höchstens im seelsorgerischen Bereich. Barth dagegen konfrontierte seine Studenten offensiv mit der aktuellen politischen Entwicklung. So ging es im Wintersemester 1930/31 um die Programme der politischen Parteien. Gollwitzer selbst hatte über den liberalen Geist von Weimar zu referieren, er eröffnete die Reihe. *Meine Analyse blieb ohne Entscheidung, weil ich den weimarischen Liberalismus sowohl bejahte wie ironisierte – wie es eben meiner eigenen Verwirrung zwischen eben erst verlassenem bündischen Jungkonservatismus, Marxismus und gerade erst entdeckten Liberalismus entsprach.* Barth quittierte diese Unentschlossenheit mit einem Bibelwort: „Sei nicht allzu gerecht und allzu weise."

Dass sich bereits in dieser Zeit eine Gefahr abzeichnete, die dem „weimarischen Liberalismus" 1933 den Garaus machen würde, wurde allen Teilnehmern im Laufe des Semesters klar Es kam nämlich der Tag, an dem es um die NSDAP ging. Viele der Teilnehmer, so erinnerte sich Gollwitzer später, hätten bis dahin in ihren Buden die Bilder von Barth und Hitler friedlich nebeneinander hängen gehabt. *Wenige Tage vor dem betreffenden Abend wurde bekannt, die Partei habe ihren Mitgliedern verboten, an diesem Abend zu referieren, ja auch nur teilzunehmen; ein Nationalsozialist habe für seine Weltanschauung zu kämpfen, nicht aber sie zur Diskussion zu stellen. Nicht dieses lächerliche Verbot, wohl aber, dass unsere Kommilitonen, mit denen wir bis dahin trotz heftiger Dispute ungetrübt zusammen gesessen hatten, sich diesem Verbot fügten, ließ uns einen Abgrund sichtbar werden.*

Auf dem Weg zur Bekennenden Kirche

Der 30. Januar 1933, an dem Hitler zum Reichskanzler gewählt wurde, veränderte die Situation an den Hochschulen rasch. Schon im Frühjahr dieses Jahres forderte der neue Reichskulturminister Rust alle Professoren auf, aus der SPD auszutreten. Barth weigerte sich, er könne nicht austreten, weil er nicht um der sozialistischen Idee willen, sondern wegen konkreter politischer Programmpunkte Mitglied der Partei sei und sich zu diesen Punkten weiter bekennen müsse. Im einzelnen ging es darum, dass der Arbeiter nicht nur Objekt, sondern Mit-Subjekt des Staates sei; dass das Militär stets nur das letzte, äußerste Mittel der

Politik sein könne und dass die deutsche Außenpolitik auf Frieden ausgerichtet bleiben müsse. Barth teilte diese Begründung dem Reichskulturminister brieflich mit, der das Verbleiben zu diesem Moment noch tolerierte – verbunden mit der Mahnung, die Studenten politisch nicht zu beeinflussen. Doch schon bei den reichsweiten Kirchenwahlen im Juli 1933 verschärfte sich die Gangart. Die NSDAP mobilisierte weite Teile der kirchenfernen Bevölkerung zur Teilnahme an den Wahlen, mit dem Erfolg, dass die „Deutschen Christen", die meisten Stimmen, nämlich über 70 Prozent, erhielten. Die „DC", wie sich die Bewegung der „Deutschen Christen" abkürzte, war bereits 1927 entstanden und trat unter anderem dafür ein, das Alte Testament abzuschaffen und das Führerprinzip in der Kirche einzuführen. Analog dem Aufbau des NS-Staates sollte auch die Kirche hierarchisch strukturiert sein. Diese Bewegung wurde von Hitler favorisiert, die NSDAP sah darin einen Weg zur Gleichschaltung der Evangelischen Kirchen in Deutschland.

Als Anfang September 1933 auf einer Reichssynode beschlossen wurde, alle „nichtarischen Geistlichen" vom kirchlichen Dienst auszuschließen, gab es bereits auf dieser Versammlung heftigen Widerspruch. Am 21. September rief der Berliner Pastor Martin Niemöller Pfarrer in ganz Deutschland dazu auf, sich in einem Pfarrernotbund zusammen zu schließen. Das Echo war überwältigend. In der ersten Woche meldeten sich 1 300 Pfarrer, am Jahresende waren es bereits 6 000, rund 30 Prozent aller evangelischen Pfarrer in Deutschland.

In seinen Erinnerungen schilderte Gollwitzer, wie sich in dieser Zeit seine Einstellung – nicht zuletzt durch die Haltung seines verehrten Lehrers Barth – verändert hat. Plötzlich mussten die Differenzen in politischen Grundfragen zurückgestellt werden. *Ich war mit ihm einer Meinung, dass wir jetzt nicht über Marxismus und über Republik und über Ver-*

sailles usw. zu sprechen hätten, sondern dass wir über Bekenntnis zu sprechen hätten, wozu die Kirche eigentlich da ist.

Barth selbst änderte seine Stoßrichtung. Hatte seine Theologie bislang vor allem eine kirchenkritische Spitze, so trat an deren Stelle nun die Forderung, die Kirche müsse die Theologie endlich ernst nehmen – sie allein könne sie davor bewahren, sich der politischen Lage anzupassen und schließlich zu verkaufen. Gollwitzer erinnert sich, wie stark damals in der kirchlichen Praxis die Theologie verachtet wurde. *Die Verkommenheit von Theologie, die Bereitschaft, eine theologische Überlegung überhaupt zu unterlassen, die damals herrschte, das kann man sich kaum vorstellen heute. Theologie und Praxis waren völlig getrennt für Unzählige.* Der engste Kreis um Barth, zu dem auch Gollwitzer gehörte, sah es als notwendiges Signal an die Kirchen, dass Barth die Neuauflage seiner Dogmatik nicht mehr „Christliche Dogmatik", sondern „Kirchliche Dogmatik" nannte.

Stolz waren die Schüler Barths vor allem darauf, dass die Autorität ihres Lehrers in diesen Monaten steil anstieg. Seine politische Unabhängigkeit einerseits und seine theologische Prägnanz machten Barth vom umstrittenen Theologen zur Leitfigur des beginnenden Widerstandes gegen die Gleichschaltung der Kirchen nach der Machtergreifung Hitlers. Im November 1933 wurde er sogar nach Berlin eingeladen, um gemeinsam mit anderen unter der Leitung von Martin Niemöller über die kirchliche Lage zu beraten.

Die erste Begegnung zwischen den späteren Kampfgefährten war eine Katastrophe. Gollwitzer und andere Studenten in Bonn erhielten eine Notiz von Barth: „Alles ist nur schrecklich, die Leute wissen noch gar nicht, dass es nicht nur um die DC geht, sie sehen alles nur kirchenpolitisch. Einer der schlimmsten ist ein Pfarrer Martin Niemöller, ein früherer U-Boot-Kommandant; es ist sehr zu wünschen, dass der Mann sich wieder ein U-Boot kauft und in See sticht, wovon er sicher mehr versteht als von Kirche."

Der schlechte Eindruck sollte sich bald ins Gegenteil verkehren. Gollwitzer notierte: *So begann die Weggemeinschaft der zwei Männer, die, wie ich meine, im Bereich der deutschsprachigen Christenheit am deutlichsten das Christlich-Nötige in unserer Zeit zu erkennen und zu sagen vermochten, bekanntlich beide sich gegenseitig übereinander verwundernd, dass der andere trotz so viel Theologie – oder trotz so wenig Theologie immer so zielsicher dieses Christlich-Nötige zu erkennen vermöge.*

Dass Helmut Gollwitzer sich mit beiden so unterschiedlichen Männern auf besondere Weise verbinden würde, war 1933 noch nicht abzusehen. Gollwitzer war im Herbst zunächst nach Lindau zurückgekehrt und arbeitete an seiner Doktorarbeit, und er musste sich nach dem Ausscheiden aus dem Münchner Predigerseminar um eine Anstellung kümmern.

Schlossprediger und Prinzenerzieher

Der Professor für historische Theologie in Bonn, Ernst Wolf, gut befreundet mit Karl Barth, vermittelte dem nun Fünfundzwanzigjährigen die Stelle des Schlosspredigers auf Schloss Ernstbrunn in Niederösterreich bei Heinrich XXXIX, dem Prinzen Reuß jüngere Linie. Sein Aufgaben waren dreigeteilt: Er war Prediger und Seelsorger in der kleinen Schlossgemeinde, zugleich sollte er die vier Kinder – zwei Töchter und zwei Söhne – des Fürstenhauses als Hauslehrer unterrichten, darüber hinaus predigte und unterrichtete er auch in der Diasporagemeinde Korneuburg, zu der etwa fünfzig Mitglieder im Umkreis von zwei Stunden gehörten. Die Arbeit, die ihm fast auf den Tag zwei Jahre lang anvertraut war, forderte ihn zwar ganz, doch blieb ihm noch genügend Zeit für Kontakte mit Pfarrern und Theologen aus dem Kreis der Bekennenden Kirche – nicht nur in Österreich, sondern auch in Deutschland. Gollwitzer bekam die bewegenden Ereignisse Österreichs im Jahr 1934 mit – die bürgerkriegsähnlichen Zustände im Frühjahr 1934, als die austrofaschistischen Heimwehrorganisationen den sozialdemokratischen Schutzbund zerschlugen, mehrere tausend österreichische Sozialdemokraten, sofern sie nicht in die Tschechoslowakei fliehen konnten, wurden verhaftet und interniert, neun Schutzbündler hingerichtet. Am 25. Juli waren als österreichische Soldaten verkleidete Mitglieder der illegalen SS-Standarte 98 ins Bundeskanzleramt eingedrungen und hatten den amtierenden Bundeskanzler Engelbert Dollfuß erschossen, um Druck auf Österreich auszuüben. Die katholische Kirche hatte mit den österreichischen Faschisten ein Konkordat abgeschlossen, in der evangelischen Kirche hielten sich nur wenige zur Bekenntnisfront gegen den Faschismus.

Die Kontakte zur deutschen Bekennenden Kirche, die sich im Mai 1934 in Barmen ein besonderes „Bekenntnis" als Fundament ihrer Staatsunabhängigkeit gegeben hatte, waren schon allein dadurch möglich, dass die Familie Reuß Gebiete in Thüringen besaß und jedes Jahr im Sommer für einige Monate dorthin übersiedelte. Als Hauslehrer der Kinder stellte Gollwitzer einen Antrag an das Thüringische Ministerium für Volksbildung in Weimar, er wollte die Erlaubnis, auch in Deutschland die Kinder des Prinzen unterrichten zu dürfen. Der Antrag wurde abgelehnt, ob politische Gründe eine Rolle dabei spielten, ist nicht bekannt. Das Ministerium begründete die Ablehnung damit, dass „1. Gollwitzer als Pädagoge nicht ausgebildet ist, 2. Sein Reifezeugnis in Mathematik nur mangelhafte Leistungen ausweist und schließlich 3. es ihm beim theologischen Examen nicht gelungen ist, den biblischen Text in klarem Gedankenfortschritt den Kindern sinngemäß darzulegen".

Anfang Juni 1935 lernt Gollwitzer auf dem Reuß'schen Schloss in Thüringen Martin Niemöller kennen, eine Bekanntschaft, die sein Leben bis zum Beginn des Krieges bestimmen sollte. Gleichzeitig erschrickt er darüber, in welch dramatischem Zustand die evangelische Kirche in Deutschland ist. In einem Rundbrief an die Thüringer Freunde schätzt er die Lage pessimistisch ein, er glaubt, *dass es nämlich die letzte Stunde für die Kirche ist, und dass einer gänzlichen Umgestaltung der Kirche, von der Geschichte vollzogen, nicht mehr auszuweichen ist.* Die Kirche muss in die Opposition gehen, und zwar in den offenen politischen Widerstand. Weder das Stillhalten noch das Beharren auf einem eigenen, vom Staat anzuerkennenden und zu achtenden „Bekenntnis" nach innen sind für Gollwitzer gangbare Wege. Es drängt sich ihm *immer mehr die Auseinandersetzung mit dem heutigen Staate selbst auf, der wir bisher in der Kirche aus dem Weg gegangen sind ... Wird die Kirche hier versagen, weiter schweigen zu Rechtsentwicklung, Konzentrationslager, Ariergesetzgebung, so wird ihr Versagen nicht geringere Folgen haben wie ihr Versagen gegenüber der sozialen Frage. Solange sie nur für ihre eigene Sache bekennt, solange könnte das auch ein verschleierter Egoismus des Selbsterhaltungstriebes sein.*

Die Konsequenz aus dieser Überzeugung: Gollwitzer verlässt den Dienst des Prinzen und Österreich, als der Bruderrat der Lutherischen Bekenntnisgemeinschaft in Thüringen ihn darum bittet, in ihren Dienst zu treten. Zwar verlässt er seine bisherige Arbeit nur schweren Herzens, *aber die Mitarbeit in den schwierigen thüringischen Verhältnissen, die ich im Frühjahr etwas kennen gelernt hatte, erschien dringlicher, so dass ich auf eine in Aussicht stehende Wiener Stelle verzichtete und im Januar 1936 die thüringische Arbeit antrat.*

Viertes Kapitel
Prediger auf Konfliktkurs

❖

*Die Welt ist herrlich –
die Welt ist schrecklich.*

❖

Ordination und Redeverbot

Der Arbeitsbereich, den Gollwitzer in Thüringen von der Kirchenleitung, dem „Bruderrat der Lutherischen Bekenntnisgemeinschaft", zugewiesen bekam, war nur andeutungsweise beschrieben. Er hatte das „Referat für Volksmission und theologische Ausbildung" zu veranworten, in sein Tagebuch notierte Gollwitzer am 11. Januar 1936: *Hauptaufgabe: Sammlung der jüngeren Theologen und Studenten, außerdem volksmissionarische Tätigkeit. Wie ich das alles machen soll, wird kaum gesagt, ich werde mir die Sache also selbst aufbauen müssen, und das ist mir lieb.*

Was er da aufgebaut hat, klingt in seinen Erinnerungen eher wie das Programm eines Propagandisten für die Bekennende Kirche: *Ich reise im Land herum und habe das Volk aufgewiegelt, indem ich überall eine Unzahl von Bekenntnisnachmittagen, Bekenntnisabenden und Bekenntnisvorträgen hielt und außerdem theologische Schulung mit der kleinen Zahl von Vikaren, die sich zur Bekennenden Kirche hielt, betrieb.*

Bei seiner Arbeit blies ihm der Wind aus zwei Richtungen ins Gesicht. Einmal aus der Richtung innerkirchlicher Auseinandersetzungen zwischen Lutheranern und Reformierten – deren theologische Gegnerschaft war in diesen Jahren verhärtet und scheinbar unüberwindlich. Es war, so erinnerte sich Gollwitzer an die Heftigkeit der Auseinandersetzungen zwischen Reformierten und Lutheranern, als sei auf evangelischer Seite der Konfessionalismus des 16. Jahrhunderts, der Reformationszeit, plötzlich wieder ausgebrochen. Gollwitzer galt vielen traditionell denkenden Lutheranern als Überläufer, der aus gut lutherischer Vergangenheit zum reformierten Karl Barth gewechselt war – das brachte immer wieder Spannungen zum Lutherischen Bruderrat in Thüringen, gemildert wurden diese lediglich durch die ähnliche kirchenpolitische Einstellung: für das Barmer Bekenntnis, also gegen die „Deutschen Christen". Immerhin hatte Gollwitzer von Anfang an keine Unklarheiten darüber aufkeimen lassen, welche theologische Position er einnahm. Als er am 29. September 1936 durch den Vorsitzenden des Landesbruderrates in der Kirche zu Milbitz über Rottenbach in Thüringen ordiniert werden sollte, forderte Gollwitzer – 14 Tage vor der Ordination – den (streng lutherischen) Erlanger Kirchenrechtler Hermann Sasse auf, gegen seine Ordination Einspruch und eine Anklage wegen Irrlehre zu erheben. In einem im Sommer veröffentlichten Aufsatz mit dem Titel „Wider das Schwärmertum" hatte Sasse die von Gollwitzer, seinen Lehrern Karl Barth und Ernst Wolf, aber auch von Dietrich Bonhoeffer und Martin Niemöller vertretene Lehre als Häresie – als Irrlehre – bezeichnet und die von ihnen repräsentierte „Bekennende Kirche" als „eine Sekte, und zwar die schlimmste, die auf dem Boden des deutschen Protestantismus aufgetreten ist", angegriffen. Gollwitzer wollte mit seinem Brief ein kirchliches Lehrzuchtverfahren gegen sich provozieren, dazu aber ließ Sasse es gar nicht kommen.

Die andere Richtung, aus der er Gegenwind verspürte, war die kirchenpolitische Auseinandersetzung, die 1936 eskalierte. Es gab sogenannte intakte Kirchen, die nicht durch der „Bekennenden Kirche" zugehörigen Bruderräte gespalten waren, zudem aber gab es auch innerhalb der

„Bekennenden Kirche" einen eher konzilianten und einen radikalen Flügel, die nach dem Dienstort Martin Niemöllers sogenannten „Dahlemiten". Zu diesen zählte Gollwitzer. Auseinandersetzungen mit der thüringischen Kirchenleitung in einigen kirchenpolitischen Fragen waren also programmiert. Andererseits: Zu einem Bruch konnte und sollte es nicht kommen, denn die Meinungsdifferenz war dem Bruderrat bereits bekannt, als er Gollwitzer bat, in den Dienst der thüringischen Kirche zu treten. In seinem Tagebuch aus dieser Zeit schildert Gollwitzer einige dieser Auseinandersetzungen, die – aus heutiger Sicht betrachtet – wenig spektakulär scheinen, die aber damals mit Sicherheit alle Beteiligten in helle Aufregung versetzten. So etwa, dass eine Rede des NS-Gauleiters am Sonntag, dem 1. März 1936 auf zehn Uhr, also die regelmäßige Gottesdienstzeit gelegt worden war und der thüringische Landesbischof daraufhin alle Pfarrer aufgefordert hatte, ihren Gottesdienst auf eine andere Tageszeit zu verlegen. Ein Entscheid, den Gollwitzer in öffentlichen Diskussionen hart angreift. Immer wieder begegnet er auf seinen Vortrags- und Diskussionsreisen antijüdischen Ausfällen, denen er entschlossen entgegentritt. Zwar wird er deswegen von der Kirchenleitung nicht gemaßregelt, doch seine Tätigkeit weckt immer stärker das Misstrauen der staatlichen Behörden.

Was den eigentlichen Anlass dazu gab, dass ihm im Frühjahr 1937 verboten wurde, öffentlich zu reden, ist nicht mehr genau festzustellen. Friedrich-Wilhelm Marquardt, sein Schüler und enger Vertrauter, berichtet, der Grund sei in der Spaltung der thüringischen Kirchenleitung zu finden; Hitlers Minister für kirchliche Angelegenheiten, Hanns Kerrl, hatte sogenannte „Kirchenausschüsse zur Sicherung der Deutschen Evangelischen Kirche und zur Wiederherstellung geordneter Zustände" eingerichtet, die die unterschiedlichen Richtungen innerhalb der Kirchen unter staatlicher Leitung zusammenfassen sollten. Der

Reichsbruderrat, der eigentlich der Bekennenden Kirche angehörte, hatte sich daraufhin zerstritten, welchen Kurs man einschlagen sollte, ob Widerstand oder Einlenken. Als Folge sei der „Lutherische Rat", der bis dahin die lutherischen Kräfte der Bekennenden Kirche zusammen gehalten hatte, aufgelöst worden. Damit war der Arbeitgeber Gollwitzers nicht mehr existent. *So konnte ich, als die Gestapo mir ein Redeverbot auferlegte, auch nicht mehr groß darum kämpfen, in Thüringen bleiben zu können.*

Der „Dahlemit" in Dahlem

Gollwitzer drohte seine berufliche Existenz zu verlieren, er war nun zwar ordiniert, hatte aber immer noch sein zweites Examen nicht in der Tasche, war also sogenannter „unständiger Geistlicher" und nicht in der Lage, irgendwo in Deutschland ein Pfarramt zu übernehmen. In dieser schwierigen Situation fand er einen Fürsprecher in Martin Niemöller, den er zwei Jahre zuvor im Schloss Köstritz kennen gelernt hatte. Niemöller sorgte dafür, dass Gollwitzer durch den Bruderrat der altpreußischen Union zum „Hilfsarbeiter" (gemeint war die Stellung eines „Hilfspredigers") in Berlin berufen wurde, zum Dienstantritt wurde der 1. Mai 1937 bestimmt.

Gollwitzer zog nach Berlin, seine Aufgabe war es, ganzjährig Ausbildungskurse und zum Teil als „Landwirtschaftshilfe" getarnte Ferienkurse für Theologiestudenten der Bekennenden Kirche zu organisieren und durchzuführen. Im Grunde war es dieselbe Aufgabe, die er schon Thüringen übernommen hatte, Berlin aber verlieh seiner Arbeit eine breitere Wirkung. Vor allem: Er konnte Verbindungen zu allen leitenden Männern der Bekennenden Kirche aufnehmen. In seinen Erinnerungen beschreibt er seine Arbeit als „Sachreferent beim Preußischen Bruderrat der Bekennenden Kirche", er hatte die *Verantwortung für die Ausbildung der Theologiestudenten, die sich der Bekennenden Kirche angeschlossen hatten*. Das bedeutete vor allem viele Reisen, denn er musste an den Universitäten der zur preußischen Landeskirche gehörenden Gebiete, Ost- und Westpreußen, Brandenburg, Pommern, Posen, Schlesien, Kirchenprovinz Sachsen, Rheinland und Westfalen ein gesondertes, der Universitätsausbildung parallel laufendes Theologenstudium organisieren, da die Theologischen Fakultäten von Deutschen Christen besetzt waren. Freie Arbeitsgemeinschaften mussten gebildet werden, deren Studienpläne ausgearbeitet und Ferienkurse abgehalten werden.

Doch die politische Lage spitzte sich unmittelbar nach dem Dienstantritt Gollwitzers in Berlin zu. Begonnen hatte der offene Konflikt eher an einem Nebenschauplatz: Das Ministerium für die Kirchlichen Angelegenheiten hatte am 9. Juni 1936 in einem Sondererlass verboten, öffentlich in den Gottesdiensten für die „Bekennende Kirche" Geld zu sammeln. Der „Bekennenden Kirche" drohte das finanzielle Aus, gleichzeitig gab es der Gestapo die Gelegenheit, die gottesdienstlichen und auf Bekenntnisabenden gesammelten Gelder zu kontrollieren und illegal gesammelte zu beschlagnahmen. Der staatliche Eingriff in Gottesdienste und Versammlungen alarmierte den Bruderrat – allen voran Martin Niemöller und Wilhelm Niesel, der Gollwitzer als Personalreferent nach Berlin geholt hatte. Man müsse mehr an die Öffentlichkeit, war die gemeinsame Überzeugung, *weil wir das Gefühl hatten, diese Möglichkeit werde uns nicht mehr lange gegeben sein.*

Wenige Wochen später fügte Hitler der Bekennenden Kirche eine herbe Niederlage zu: Er ließ Martin Niemöller am 1. Juli 1937 verhaften. Niemöller hatte an jedem ersten Montag im Monat zu Versammlungen der Bekennenden Kirche im Dahlemer Gemeindehaus in der Thielallee eingeladen, in denen er – wie Gollwitzer sich erinnert – *vor vielen*

Hunderten von Zuhörern einen ungeschminkten Bericht über die kirchliche Lage gab, der natürlich manchmal auch die politische Lage umfasste, und in dem alle Übergriffe und Schandtaten der Gestapo und der Partei gegen Menschen der Kirche und auch gegen Menschen des jüdischen Volkes klar bekannt gegeben wurden.

Am Abend vor der Verhaftung, so erinnert sich Gollwitzer, hatte Niemöller noch einmal die neuesten Provokationen des Staates kritisiert. *Ich muss aber gestehen, dass ich mir speziell aus Niemöllers Rede an jenem Abend nur einen Satz gemerkt habe. Er sagte, viele Leute verdächtigten ihn, er lege es darauf an, Märtyrer zu werden. ‚Ich aber‘, so sagte er, ‚kann dazu nur sagen, dass mir eine Flasche Wein immer noch lieber ist als ein Tag im Gefängnis.‘*

Was die Gestapo von der Verhaftung Niemöllers erhofft hatte, dass sich die Besucher der großen Dahlemer Bekenntnisgottesdienste aus ganz Berlin und darüber hinaus wieder verlaufen würden, trat nicht ein. Im Gegenteil. Im Vorwort zur Sammlung seiner Dahlemer Predigten 1937–1940 erinnert Gollwitzer sich im Jahr 1964:

Am 3. Juli 1937, drei Tage nach Niemöllers Verhaftung, hielt ich in der kleinen Dahlemer Dorfkirche, der St.-Annen-Kirche, den ersten jener Fürbittegottesdienste, zu denen sich fortan acht Jahre lang jeden Werktagsabend die Gemeinde zusammenfand. Eine große Reihe von Predigern der Bekennenden Kirche hat sich an ihnen beteiligt und ist damit in die Gemeinschaft dieser für die Not der Welt nicht weniger als für die Not der Kirche, für die vielen Opfer des Gewaltregimes nicht weniger als für die verhafteten Zeugen des Evangeliums vor Gott eintretenden Schar aufgenommen worden … Die Täglichkeit der Fürbittegottesdienste machte den Gottesdienstbesuch für alt und jung zu einem Teil des alltäglichen Lebens, wie das wohl nur wenige Menschen in unserer Zeit erfahren haben.

Wer die Predigten heute mit dem Wissen um die Schrecken liest, die das Naziregime schon in diesen frühen Jahren seiner Herrschaft verbreitet hat, mag vielleicht enttäuscht sein. Die Kanzelreden waren keine flammenden Anklagen gegen die Untaten der SS und Gestapo, auch keine Aufrufe zum politischen Widerstand. Sie waren vielmehr gediegene Schriftauslegungen, scheinbar nach innen, auf die persönliche Frömmigkeit ausgerichtet. Ihre politische Sprengkraft entwickelten sie in Anspielungen, biblische Texte wurden angesichts der dramatischen Ereignisse zu Parabeln, biblische Figuren zu Vexierbildern gegenwärtiger Personen. Die „biblischen" Predigten blendeten die Wirklichkeit nicht aus, wie das in vielen anderen Kirchen geschah. Das politische Gesicht bezogen diese Predigten aus dem für alle greifbaren Gegensatz zwischen christlichem Menschenbild und der in der politischen Öffentlichkeit mit Füßen getretenen Menschenwürde. Gollwitzer spielte virtuos auf dieser Klaviatur: *Der Gemeinde waren die Ohren ebenso geschärft wie den Predigern. Aus einem Publikum konventioneller Kirchgänger verwandelte sie sich in eine Schar bedrängter Menschen, für die schon der öffentliche Gottesdienstbesuch ein Bekenntnis war und die ihn nicht lassen konnte, weil er für ihr tägliches Leben unentbehrlich war. Sie vernahm sofort die Aktualität des (biblischen) Textes, so dass schon dessen bloße Vorlesung oft als direkte Anrede wirkte, und sie hörte aus den Worten der Predigt ohne Mühe die Beziehung auf die Fragen und Ereignisse des Tages heraus, ohne dass diese ausdrücklich genannt werden mussten.*

Verstanden wurde die Brisanz auch von eher außenstehenden Zuhörern. Das zeigt die Reaktion auf eine Predigt, die Gollwitzer hielt, als Hitler und Stalin am 23. August 1939 den sogenannten Nichtangriffspakt zwischen Deutschland und den UdSSR schlossen. Im Predigttext geht es beim Verhör Jesu vor König Herodes in Jerusalem um einen Vers, in dem es heißt: „Auf den Tag wurden Pilatus und Herodes Freunde miteinander." Die beiden Jesusfeinde verbünden sich – wer hätte da die Anspielung auf die politische Situation nicht verstehen können, die Andeutung, die Gollwitzer sich erlaubte, von einer *Bruderschaft des Antichristen* zu sprechen, war schon fast überflüssig. Ein führender Wehrmachtsgeneral, dessen Neffen in Dahlem am Konfirmandenunterricht teilnahmen, habe die Predigt gehört und nach dem Gottesdienst gesagt: „Solche staatsfeindlichen Predigten dürfen nicht länger geduldet werden!"

Die erhaltenen Dahlemer Gottesdienstbücher zeigen, dass Gollwitzers Predigten rasch an Zulauf gewannen und schließlich so begehrt waren wie die Niemöllers.

Auch eine unpolitische Predigt ist politisch

Aber waren die Predigten nicht vor allem eine Art Selbstberuhigung der christlichen Gemeinde? Von einem offenen Widerstand im Sinne des Satzes von Dietrich Bonhoeffer „Nur wer für die Juden schreit, darf gregorianisch singen!" kann bei den Dahlemer Predigten der Jahre bis zum Kriegsbeginn ja keine Rede sein. In seinen Erinnerungen räumte Gollwitzer diesem Einwand durchaus sein Recht ein. Er hat nach dem Krieg scharfe Maßstäbe an die politische Predigt gestellt. Als er im Jahr 1953 vor einer Versammlung rheinischer Superintendenten Thesen zur „Politischen Predigt" vorträgt, klingt seine Forderung radikal: *Die Öffentlichkeit ist ... für Tun und Reden der Kirche wesentlich. Ein bloß innerlicher Glaube ist ebenso Verleugnung, wie es der schmollende, selbstgerechte oder verzagte Rückzug der Kirche in ein selbstgewähltes Ghetto wäre. Die Kirche ist hinaus auf die Gassen gesandt. ‚Was ihr hört ins Ohr, das predigt auf den Dächern' (Matthäus 10,28), ist eines ihrer Grundgesetze. Was aber von den Dächern schallt, gehört ins Verantwortungs- und Interessenfeld des Politischen.*

Selbstkritisch beurteilte er deshalb eine Predigt, die er am Bußtag 1938, genau eine Woche nach der Reichspogromnacht in Dahlem gehalten hatte. Nicht wörtlich war Gollwitzer damals auf das brutale Vorgehen der Schlägerbanden eingegangen, die Synagogen anzündeten, Schaufenster jüdischer Geschäfte einwarfen, Menschen auf offener Straße zusammenschlugen, er hatte die Deportationen und Verhaftungen jüdischer Deutscher nicht ausdrücklich erwähnt. Dennoch waren diese Ereignisse in der Predigt allen deutlich. Oder konnte irgendein Gottesdienstbesucher Sätze wie die folgenden auf anderes als die Vorgänge am 9. November beziehen? *Es wäre vielleicht das Richtigste, wir würden nicht singen, nicht beten, nicht reden, nur uns schweigend darauf vorbereiten, dass wir dann, wenn die Strafen Gottes offenbar und sichtbar werden, nicht schreiend und hadernd herumlaufen: Wie kann Gott so etwas zulassen?* Und wenig später: *Wir sind mitverhaftet in die große Schuld, dass wir schamrot werden müssen, wie biedere Menschen sich auf einmal in grausame Bestien verwandeln. Wir sind alle daran beteiligt, der eine durch Feigheit, der andere durch Bequemlichkeit, die allem aus dem Wege geht, durch das Vorübergehen, das Schweigen, das Augenzumachen, durch die Trägheit des Herzens, durch die verfluchte Vorsicht.* In der Erinnerung blieb ihm vor allem die Stimmung unter den Besuchern: *In die Totenstille der erschütterten Gemeinde fielen damals die gemäß der altpreußischen Bußtagsliturgie verlesenen Zehn Gebote wirklich wie Hammerschläge ... In den ‚nichtarischen‘ Familien der Gemeinde waren die männlichen Angehörigen verhaftet oder mussten sich verborgen halten.* Politisch war seine Predigt aber nicht dadurch, dass sie die Ereignisse namentlich erwähnt hat, meinte Gollwitzer. *Jeder Satz (dieser Predigt), der heute schon wieder blass und allgemein wirkt, hatte damals unmissverständliche Konkretheit und Aktualität, ohne dass die jüngsten Ereignisse und die von ihnen Betroffenen beim Namen genannt wurden.*

In einem Gespräch, das Brigitte Gollwitzer, die spätere Frau von „Golli", 1982 führte, erinnerte sie sich genau an die „politische" Seite der Predigten von Helmut. Sie hatte sie als sechzehnjähriges junges Mädchen in Berlin-Dahlem miterlebt. „Wir haben eigentlich ohne große Interpretationen die Zusammenhänge zum anderen Leben kapiert. Jüngere sagen heute, wenn sie die Predigten von damals lesen: ‚Ihr habt ja eigentlich gar nichts Politisches gesagt, es waren ja nur fromme Reden'. Aber es war damals für uns eine wirklich sehr große Stärkung: Um ein Beispiel zu nennen: Die Auslegung bezog sich auf die, die keine Wohnung mehr haben, und zugleich wird die Gemeinde in der Predigt dazu aufgerufen, zu überlegen, ob sie nicht noch Wohnung frei haben – ich wusste, dass es um einen Appell an die Gemeinde für die Juden ging, die aus ihrer Wohnung rausgeschmissen wurden. Aber das wurde nicht direkt angesprochen; denn die Gestapo saß immer in den Predigten dabei. Man wusste genau, worum es ging."

Allen Zugeständnissen zum Trotz ist Gollwitzer selbst im Rückblick fraglich, ob er erfüllt hat, was er selbst als den Auftrag eines Predigers formuliert hat. *Es ist mir heute sehr zweifelhaft, ob dieses Beim-Namen-Nennen nicht gerade hätte geschehen müssen. Darum mag diese Predigt nicht als Vorbild dienen, sondern nur als Beispiel, wie deutlich und unmissverständlich jedenfalls gesprochen werden konnte, auch soweit man die Dinge nicht beim Namen nannte – oder zu nennen wagte.*

Der Mann in der zweiten Reihe

Gollwitzer stürzte sich in die Gemeindearbeit, als sei er der Nachfolger Niemöllers in Dahlem. Dessen Sohn Jan erinnerte sich später, der junge Pfarrer sei auch in Niemöllers Familie wie ein Stellvertreter des Vaters gesehen worden. Der Vater war unmittelbar nach seinem Freispruch vor Gericht am 2. März 1938 als „persönlicher Gefangener des Führers" ins KZ Sachsenhausen deportiert worden. Golli, wie die Familie ihn nannte, damals knapp dreißig, hatte die Konfirmandengruppe von Niemöller übernommen, die regelmäßigen abendlichen Fürbittegottesdienste eingerichtet, veranstaltete „Offene Abende" der Bekennenden Kirche, lud zu Bibelarbeiten und Bibelkreisen ein, hielt drei von sechs regelmäßigen Morgenandachten um 7.30 Uhr in der St.-Annen-Kirche, sein theologischer Arbeitskreis war ebenso begehrt wie seine regelmäßigen Männerabende mit Vorträgen und Diskussionen.

Dabei war er gar nicht der legale Nachfolger von Martin Niemöller. Zwar gab es neben Niemöller zwei Pfarrer in Dahlem, die auch nach seiner Verhaftung blieben. Doch die dritte Stelle sollte wieder besetzt werden. Die Leitung der Gemeinde, der Gemeindekirchenrat, hatte sich entschieden, den Schwager von Dietrich Bonhoeffer, Walter Dreß, als Vertreter Niemöllers anzustellen. Dreß gehörte wie Gollwitzer zur Bekennenden Kirche, war aber wesentlich konzilianter. Gollwitzer war wohl zu riskant für die Gemeinde, vielleicht zu politisch, und könnte eine Gefahr für die friedliche Koexistenz mit dem gefährlichen Staat werden. Schließlich war er bereits unangenehm aufgefallen, wegen einer verbotenen Kollektenempfehlung für die Bekennende Kirche schon wenige Tage nach Beginn seiner neuen Arbeit in Dahlem verhaftet worden und hatte mehr als vier Wochen im Gefängnis eingesessen? Grund genug für den Gemeindekirchenrat, auf Gollwitzer zu verzichten. Doch die Bekenntnisgemeinde in Dahlem akzeptierte die Entscheidung des Gemeindekirchenrates nicht. Sie stellte Gollwitzer auf eigene Kosten an. Das führte bald zu Auseinandersetzungen. Schon im August 1938 rügte Pfarrer Eberhard Röhricht, Vorsitzender des Gemeindekirchenrates, den Eindringling schriftlich: „Sie besitzen keinerlei Auftrag der Gemeinde außer der Begleitung des 2. Jahrgangs von Niemöllers Konfirmanden. Trotzdem haben Sie eine immer weiterführende Arbeit der Gemeinde mit Gottesdiensten, Annahme neuer Konfirmanden, Konfirmiertenabenden, Amtshandlungen usw. begonnen. Das widerspricht direkt den Absichten und Beschlüssen des Gemeindekirchenrates." In anderen Zeiten hätten diese Auseinandersetzungen eine Kirchengemeinde gespalten, aber in Zeiten der Not rückten sie an die zweite Stelle. Und blieben ungelöst bis zur Einberufung Gollwitzers zur Wehrmacht. Lediglich zwei Momente machten deutlich, dass Gollwitzer nie in einem „legalen" Dienstverhältnis zur Dahlemer Kirchengemeinde stand. Er wohnte weiterhin als Untermieter auf seiner Bude im Haus des Präsidenten Winzens in Lichterfelde, in der lange noch der Koffer als Wäscheschränkchen herhalten musste, mit dem er im Mai angereist war. Und: Sonntags in den Hauptgottesdiensten durfte Gollwitzer die Kanzel nicht betreten. Er predigte irgendwo außerhalb von Dahlem – eine Tatsache, die die wachsende Zahl seiner Anhänger dazu brachte, sonntags nach außerhalb zu pilgern. Kurt Scharf, später Bischof von Berlin, erinnert sich, dass er, bevor er Gollwitzer persönlich kennen lernte, von dem „glänzenden Prediger" gehört habe, und dieses Lob kam ausgerechnet aus dem Munde von Otto Dibelius, dem 1933 des Amtes enthobenen Generalsuperintendenten der Kurmark, nach 1945 Bischof von Berlin und Ratsvorsitzender der Evangelischen Kirche in Deutschland, einem bekannt harten Kritiker von Kanzelreden. Scharf fährt fort: „Wenig später habe ich ihn leibhaftig getroffen und fand ihn noch besser als seinen Ruf. Überraschend offen dem zugewandt, mit dem er es je zu tun bekam. Ich erfuhr ihn als theologischen Lehrer in Leidenschaft, sehr wissend und sehr kühn parteilich, und als Prediger, streng gebunden an die Botschaft – hoch aktuell, rücksichtslos freimütig, freimütig."

Was die persönlichen Erfahrungen Gollwitzers in diesen Jahren angeht, sind wir wieder auf Vermutungen angewiesen. Hat ihn die Zurücksetzung durch den Gemeindekirchenrat verletzt? Fühlte er sich nicht unter Wert behandelt, als „Mann im zweiten Glied"? Seine Erinnerungen enthalten keinerlei Hinweise darauf.

Vielleicht fühlte er sich gar nicht zurückgesetzt. Die Entschlossenheit, mit der er seine Arbeit in der Gemeinde ausbaute, spricht dafür. Er gründete das „Büro Grüber" mit, war aktiv bei der sogenannten Judenhilfe in Dahlem tätig. Gemeinsam mit anderen verhalf er getauften jüdischen Gemeindemitgliedern wie auch jüdischen Hilfesuchenden zur Auswanderung. Dass die Ohnmacht immer mehr wachsen würde, war ihm bewusst. Aber was konnte er tun? Oft genug geriet er an den Rand der Verzweiflung, das einzige, was ihm möglich schien, war, die Verbindung zu den Leidenden nicht abreißen zu lassen, auch nicht, als er zur Wehrmacht eingezogen und in Frankreich stationiert war. Als am Karfreitag 1942 Hunderte jüdische Deutsche aus Berlin deportiert wurden, drückte er in einem Abschiedsbrief an die Adresse der Deportierten die ohnmächtige Verzweiflung aus, in der er sich empfand. *Und wir? Wir wissen das alles und lachen weiter und haben Sie alle vielleicht bald vergessen und treiben weiter Andachten und fromme Worte und Seelenpflege und es fällt uns nicht mehr ein, dass das alles von dorther durchgestrichen und ausgelacht ist. Mit einem schrecklichen Lachen. Ich weiß nicht mehr weiter.*

In einem Gespräch, das ich 1989 mit ihm geführt habe, klingt die Erschütterung dieser Jahre nach. *Ich will eine ganz schwierige Sache noch sagen. Ich habe in diesen Nazijahren hier in Dahlem Menschen vom Selbstmord abgehalten, und zwar auch im Wissen, dass sie am nächsten Tag deportiert werden. Und heute, da ich weiß, mit was für Todesleiden diese Judendeportationen nach dem Osten verbunden gewesen sind, bereue ich, dass ich Menschen vom Selbstmord abgehalten habe.*

Zerbrechende Träume

Die Arbeitsbelastung in Dahlem schien Gollwitzer nichts auszumachen. Zwar sah er – wie ein Freund ihn nach einem

Besuch beschrieb – „dünn und bleich" aus, aber sein Temperament war ungebrochen. Bei seinem ersten Anblick, so erinnerte sich seine Konfirmandin Isa H., hätten viele Konfirmanden, vor allem die Mädchen, sich eher amüsiert. „Der hatte einen österreichischen Akzent, (aus Berliner Sicht, in Wirklichkeit waren es Nachklänge eines fränkisch gefärbten Bayerisch), war klein, ich glaube nicht mal einssiebzig, eine Knubbelnase, vorstehende Zähne, nicht viel Haare auf dem Kopf – wie der schon aussieht, den machen wir fertig", habe sie einige sich zutuscheln gehört. Aber aus dem Fertigmachen sei nichts geworden. Sobald „Golli" den Mund aufmachte, faszinierte er alle. Er habe eine unglaubliche Wärme ausgestrahlt, und – er hatte für jeden einzelnen Zeit, auch wenn die jugendlichen Sorgen klein schienen. „Er war meistens unpünktlich, das wussten alle – aber nur deshalb, weil er niemandem widerstehen konnte, der ihn um ein Gespräch bat. Wer wollte, konnte auf einem langen Spaziergang durch den Grunewald mit ihm – sozusagen privatissime – über alle Fragen und Probleme sprechen, viele haben dieses Angebot dankbar angenommen – auch ich." Er sei der Schwarm so manchen Mädchens geworden, – seinem Aussehen zum Trotz. Es war sein unbändiges Temperament, die ansteckende Lebensfreude, die einfach Mut machte. Ein anderer Konfirmand erinnert sich später an die fröhlichen Singabende und Kunstbetrachtungen – in Gollwitzers „Bude" sei er zum ersten Mal einem Kunstwerk von Barlach begegnet. Er sei durch die Ermutigungen in den Gesprächen „wach geworden".

Es fällt uns heute nicht leicht, uns die Ernsthaftigkeit, ja die demonstrative Kraft des christlichen Bewusstseins von damals vorzustellen. Elsie Steck, Gemeindehelferin im Büro Niemöllers, erinnerte sich: „Wir waren ungeheuer bigott damals. Wir stellten uns, als Niemöller verhaftet wurde, auf dem Westbahnhof in Berlin mitten in der Halle eng zusammen und beteten so laut, dass die Leute stehen blieben." „Golli" machte mit, riss viele gerade junge Menschen mit. „Ich habe seine Gegenwart oft verglichen mit einem Tropfen Zitronensaft, der in einen Milchteller fällt. Vorher ist alles im Fluss, nicht greifbar, dann gerinnt auf einmal die Milch, es entstehen Freundschaften, Strukturen werden greifbar – das war er, vertraut mit so vielen."

Und – allen Belastungen zum Trotz – schien sich das Leben des gerade Einunddreißigjährigen in bürgerliche Bahnen zu begeben. Er zog im Dezember 1939 aus seiner „Bude" in Lichterfelde aus, eine Familie Dietrich in Dahlem vermietete eine Wohnung in ihrem Haus. Und er verliebte sich in eine junge Frau, Eva Bildt, die Tochter des Staatsschauspielers Paul Bildt. Kennen gelernt hatten die beiden sich über den Dichter Jochen Klepper, den Gollwitzer am 25. August besuchte, als er einen Kollegen in Nikolassee vertrat. Eva, die sich 1936 hatte taufen lassen, war eigentlich Schauspielerin, durfte aber nicht mehr auftreten, weil ihre Mutter jüdisch war. Sie ließ sich zur Fürsorgerin ausbilden – und war als „Anlernling" ausgerechnet Gertrud Staewen, der Fürsorgerin in der Bekenntnisgemeinde in Dahlem und Mitarbeiterin Gollwitzers anvertraut worden.

Staewen erinnerte sich auch an den Abend im Januar 1941, an dem die beiden sich verlobten: „Von Eva Bildt muss ich noch erzählen. Eines Tages sagte Helmut zu mir: ‚Du, begleitest du mich, wir sind heute abend eingeladen bei Eva Bildt.' Die kannte ich ja schon gut, im Burckhardthaus hatte man sie mir als Anlernling übergeben, weil sie als Halbjüdin nicht mehr Schauspielerin sein durfte. An dem Abend hatte sie, wie herauskam, ihre Eltern ins Bett geschickt. Ich fragte: ‚Wo sind deine Eltern?' ‚Ja, die schlafen schon.' Da saßen wir zu dritt, ganz vergnügt, bis ich merkte: Du bist hier völlig überflüssig! Eva erzählte das Märchen vom Mädchen mit den Zündhölzern, und Helmut hörte ganz hingegeben zu. Und als sie fertig war, guckten sie sich an, und ich sagte: ‚Himmel, es ist so spät, ich muss ja längst weg!' und Helmut sagte, etwas unwirsch: ‚Dann muss ich dich ja zur Bahn bringen.' Ich sagte: ‚Dummes Zeug, da komme ich allein hin', bin also los und dachte: Donnerwetter, da bahnt sich was an! Am nächsten Tag erzählte er es mir. Noch an dem Abend mit jenem Märchen hatten sie sich verlobt."

Aus Gollwitzers Mund erfahren wir nichts Genaueres, obwohl das unglaubliche Tempo der Verlobung ahnen lässt, dass ihn die Liebe wie ein Blitz getroffen haben muss. Gertrud Staewen wunderte sich allerdings gar nicht über das Tempo: „Ziemlich bald darauf kam es zur öffentlichen Verlobung, es wurden auch Verlobungskarten verschickt, was damals ja schon eine problematische Sache war."

Problematisch, weil Eva eine jüdische Mutter hatte. Der Vater Evas stellte einen Antrag auf Heiratsurlaub seiner Tochter. Das war – nach den Bestimmungen des „Gesetzes zum Schutze des deutschen Blutes und der deutschen Ehre" (Nürnberger Gesetze von 1935) – vorgeschrieben, wenn ein „Arier" einen „Halbarier" heiraten wollte. Paul Bildt tat dies aber über Hermann Göring, er erhoffte eine rasche Befürwortung, schließlich war er als Staatsschauspieler Göring bekannt. Göring befürwortete zunächst die Heirat, zog aber die Zustimmung zurück, als die Gestapo ihn darauf aufmerksam machte, dass sie Gollwitzer heiraten wolle – den Mann, der aus Berlin ausgewiesen war und Reichsredeverbot hatte. Gollwitzer erinnerte sich: *Dadurch wurde der Antrag gestoppt, was vermutlich unser Glück war; denn sonst wäre er an Hitler weitergegangen, der sich für die Kriegszeit die letzte Entscheidung bei solchen Anträgen vorbehalten hatte und, wie wir damals hörten, diejenigen, die solche verwerflichen Anträge stellten, ins KZ bringen ließ ... Von da an wussten wir, dass wir erst nach Zusammenbruch des 3. Reiches würden heiraten können.*

Die Hoffnung wurde zunichte. Nachdem die Mutter, Lotte Bildt, im März 1945 an Leberkrebs gestorben war, versuchen Vater und Tochter gemeinsam aus dem Leben zu scheiden. Um Fassung kämpfend erzählte Gollwitzer später: *Pauls Erwachen vom Veronalschlaf nach 70 Stunden, Eva inzwischen schon begraben im Park von Zeesen.*

Gollwitzer selbst hat das tragische Ereignis erst im Herbst 1946 erfahren, als die erste Post aus Deutschland im Gefangenenlager eintraf. Die Nachricht von Evas Tod muss ihn tief getroffen haben. Die Reaktion auf die Nachricht von Bonhoeffers Tod, die ihn etwa gleichzeitig erreichte, mag ahnen lassen, in welche Verzweiflung er gestürzt war: *Ich lief heulend in den Wald. Seither stehen mir die Bilder der beiden mit besonderer Intensität vor Augen.* Als er nach der Heimkehr Paul Bildt wieder begegnet und Fotos von Eva erhält, schreibt Gollwitzer: *Einige davon stehen auf dem Tisch, und der erste Blick morgens und der letzte am Abend fällt auf sie – und es ist wieder wie in jenem ersten Jahr im Lager, wo ich noch nichts wusste und in stündlichem Sprechen mit ihr war.* Erst langsam beginnt der Heimkehrer zu begreifen, was geschehen war. Er durchlebt den *Widerstreit des einen Ich, das staunend und unsicher das Glück der Heimkehr in sich trank, und des anderen Ichs, das nun erst zu verstehen begann, was geschehen war, das Getrenntsein und Alleinsein und Entzweigeschnittensein. In den ersten Wochen ging ich jeder Erwähnung aus dem Weg.*

Widerstand? Kriegsdienst?

Am 3. September 1940 beendete die Geheime Staatspolizei Gollwitzers regelmäßige Arbeit als Pfarrer in Dahlem mit einem radikalen Schnitt. Sie wies ihn aus Berlin aus und erteilte ihm Redeverbot im gesamten Reichsgebiet. Gollwitzer musste die erst im Dezember 1939 bezogene Wohnung im Haus der Familie Dietrich in Dahlem verlassen und zog sich in die Gartenlaube eines Freundes an der Stadtgrenze in Kladow zurück. Trotz des Verbots betrat Gollwitzer den Boden Berlins häufig. Eine Mitarbeiterin der Gemeinde, Gertrud Staewen, die auch in der Judenhilfe engagiert war, erinnert sich an einen Besuch im Gartenhaus: „Wovon er sich ernährte, wissen die Götter. Als ich ihn dort einmal aufsuchte, hatte er gerade den Garten nach Pilzen abgegrast und die gegessen und behauptet, er wisse genau, welche giftig wären und welche nicht. Und nun saß er allein auf einem Stuhl im Garten und blies auf einer Mundharmonika. Das hat sich mir sehr eingeprägt – es war ja schon mitten im Krieg, und er konnte jeden Moment eingezogen werden – ein unvergessliches Bild, so allein und doch nicht verlassen."

Die Einberufung stand in der Tat unmittelbar bevor. Ein erster Einberufungsbefehl war schon an Pfingsten 1940 eingetroffen, wurde aber zurückgenommen. Die Gemeinde in Dahlem hatte bereits Abschied genommen und Geschenke überreicht, der Aufschub war nur von kurzer Dauer – am 4. Dezember musste Gollwitzer in die Infanteriekaserne in Potsdam einrücken.

Aber musste man als Christ nicht den Dienst in einem „Raubkrieg, den Hitler vom Zaun gebrochen hatte", verweigern?

Diese Frage war kurz vor dem Überfall auf Polen und dem Ausbruch des Krieges 1939 ein heiß umstrittenes Thema. In der ersten Augustwoche hatte sich Gollwitzer mit dem Freundeskreis um Karl Barth im „Bergli", einem Landhaus über dem Zürichsee, getroffen und darüber diskutiert. Karl Barth hatte kompromisslos gefordert, die Genfer Organisation der Ökumene, eine Vorform des heutigen Ökumenischen Rates der Kirchen, müsse die Christen in Deutschland aufrufen, sich von ihrer Führung nicht zu den Waffen rufen zu lassen. Einig waren sich alle darüber, dass dieser Krieg ein einziges Unrecht war. Doch würde durch die Verweigerung die Bekennende Kirche nicht in eine unheilvolle Alternative gedrängt, entweder als landesverräterisch verfolgt zu werden oder sich gegen das Wort der Kirchenorganisation in Genf, gegen die Christen in anderen Ländern erklären zu müssen? Vielleicht war, so urteilte Gollwitzer später, dieser Schritt *noch zu ungewohnt, zu neuartig, zu kühn.*

Sechzehn Jahre später, im Jahr 1955, als die Bundesrepublik eine allgemeine Wehrpflicht einführte, zog Gollwitzer die Konsequenz aus den damaligen Gewissensnöten. Eine grundsätzliche Verweigerung hielt er für falsch und theologisch nicht vertretbar. Es sei ebenso falsch, für einen bedingungslosen Gehorsam gegenüber dem Staat zu plädieren wie zu verlangen, dass ein Christ grundsätzlich den Waffendienst verweigern müsse. Die Entscheidung sei eine Gewissensfrage, es komme auf die Situation des einzelnen Menschen und seine Einschätzung der Lage an. Wenn Luther heute den Friedensauftrag des Neuen Testamentes und den Aufruf, dem Staat Gehorsam zu leisten, noch einmal aktuell formulieren würde, müsste sein Votum lauten: *Tue Kriegsdienst, sofern es dir nicht dein Gewissen, besonderer Umstände halber, verbietet.*

Ganz entschieden tritt Gollwitzer dafür ein, dass jedem Bundesbürger das Recht auf eine Verweigerung des Kriegsdienstes zugestanden werden müsse. Und zwar nicht nur aus religiösen Motiven, sondern ebenso aus politischen oder aktuellen Gründen, wenn ein Bürger einen Krieg für ungerecht hält. Selbst für die schwierige Entscheidung, ob man den Militärdienst auch verweigern dürfe, wenn es um die Vorbereitung künftiger Kriegsfälle geht, müsse es die Möglichkeit der Verweigerung geben. Hart geht Gollwitzer in seinem Gutachten über die Kriegsdienstverweigerung, das er 1955 für die Evangelische Kirche in Deutschland erstellte, mit der christlichen Tradition ins Gericht. *Es wirkt sich ... verhängnisvoll aus, dass die Einführung der allgemeinen*

Wehrpflicht von der christlichen Ethik früher nicht als Problem empfunden worden ist. Die Verweigerung galt infolgedessen als der Sonderfall eines besonders skrupulösen, wahrscheinlich irrenden Gewissens.

Aber 1939? Ich fragte mich, ob ich, als Kriegsdienstverweigerer an die Wand gestellt, mit der ruhigen Gewissheit sterben würde, dass ich nicht einen willkürlichen, sondern den allein möglichen Weg gewählt hätte.

Seine Entscheidung: Keine Kriegsdienstverweigerung. Lieber sehen, was auf ihn zukommen wird. Feigheit? *Kann ich nicht ergründen; im Vordergrund meines Bewusstseins fühlte ich mich jedenfalls frei davon.* Die Zweifel an seiner Entscheidung ganz auszuräumen gelang Gollwitzer nicht, auch wenn er sich als Sanitätssoldat sagen konnte, er habe keinen Menschen getötet. Das bedeutete für ihn nicht, dass er sich inmitten des allgemeinen Mordens reinere Hände verschaffen wollte. Auch als Sanitäter war er ja Soldat Hitlers.

Georges Casalis, der Gollwitzer in Basel 1937 im Kreis um Karl Barth kennen gelernt hatte, berichtet von einem verlegenen Soldaten in deutscher (Feindes-)uniform, dem er, Mitglied der Résistance, 1941 in Paris begegnet war. Ein Freund habe ihn heimlich in seine Wohnung mit dem Versprechen gelockt, er werde dort einen alten Bekannten treffen. Zuerst sei er vor der Uniform zurückgeschreckt, Gollwitzer aber habe sich umgedreht und tonlos geflüstert: *Ich habe eben nicht den Mut gehabt, mich erschießen zu lassen!*

Wie intensiv der Kontakt Gollwitzers zu Kreisen des Widerstandes gegen Hitler war, lässt sich nur schwer einschätzen. Sicher aber ist, dass er das Vertrauen der Widerstandsleute genoss. Oft traf er mit Dietrich Bonhoeffer zusammen, und die Gemeinde in Dahlem war ein Sammelbecken auch für oppositionelle Offiziere. Gollwitzer war ihr Vertrauter, er nahm eine fast seelsorgerliche Rolle ein. Überliefert ist eine Begegnung mit führenden Generälen des Widerstandes im Winter 1939/40. Dabei ging es um die Frage, ob ein sogenannter „Tyrannenmord" christlich verantwortet werden könne. Eine unter Theologen schon lange strittige Frage. Die entscheidende Bibelstelle, auf die sich alle beriefen, die die Ermordung eines Staatsoberhauptes ablehnten, steht beim Apostel Paulus in dessen Brief an die Gemeinde in Rom. „Jedermann sei untertan der Obrigkeit, die Gewalt über euch hat", schreibt Paulus da, und begründet diese Empfehlung: „Denn es ist keine Obrigkeit ohne von Gott; wo aber Obrigkeit ist, da ist sie von Gott verordnet."

In einer Gedenkrede zum 20. Juli 1944 bei einer Veranstaltung des Allgemeinen Studentenausschusses der Freien Universität Berlin am 20. Juli 1959 erinnerte Gollwitzer an ein Gespräch mit den Generalobersten Ludwig Beck und Kurt von Hammerstein-Equord, in dem es genau um die Auslegung dieses Satzes ging. *Ich wurde von ihnen gefragt, wie man in den Kreisen der Bekennenden Kirche eigentlich über eine Beseitigung Hitlers denke. Als ich antwortete, man sei – wenn damit eine illegale Aktion oder gar ein Attentat gemeint sei – bei uns so uneinig wie anderwärts auch; viele Freunde seien aber mit mir der Meinung, dass das ‚Seid Untertan der Obrigkeit' von Röm. 13 nur in der Klammer des anderen Pauluswortes im gleichen Kapitel: ‚Die Liebe ist des Gesetzes Erfüllung' zu verstehen sei und dass darum die Pflicht der Liebe in besonderen Situationen auch die Anwendung von Gewalt gegen eine verbrecherisch gewordene Staatsführung in sich schließen könne und eben dies dann als ein Kampf für rechte Obrigkeit zu verstehen sei.*

Eine Auslegung, die damals nicht von allen Theologen der Bekennenden Kirche geteilt wurde, vor allem den aus der lutherischen Tradition kommenden. Für die beiden Generäle war die Auskunft Gollwitzers wie eine Erlösung: *Von Hammerstein antwortete in seiner trockenen sarkastischen Art, das sei nun ein Glück, dass allmählich auch die Theologen begännen, ihre Prinzipien der Wirklichkeit anzupassen; Beck aber sagte, es habe doch diese Predigt des Gehorsams und des nur lei-*

denden Widerstandes so Positives für die Versittlichung des Staates und das Entstehen gerade der alt-preußischen Staatsgesinnung beigetragen, dass er als Offizier die Hemmungen wohl verstehe und meine, die Kirche habe recht getan, wenn sie diese Hemmungen verstärkt, statt abgebaut habe. Was Hitler anlangte, war allerdings auch Beck der Ansicht, dass hier die Grenze erreicht sei.

Es ist müßig darüber nachzudenken, ob Gollwitzer später zum innersten Kreis des gewaltsamen Widerstandes gegen Hitler gehört hätte, sein Weg war ein anderer. Zumindest hatte Gollwitzer eindeutig Partei gegen den Nationalsozialismus ergriffen. Entsprechend deutlich und konsequent war darum seine Absage an den *Obrigkeitskult* der Kirche. Gerade die Kirchen hätten entschiedener gegen Hitler auftreten können und müssen. Fast 50 Jahre später wird er sagen: *Wir alle haben natürlich nicht genug Widerstand geleistet. Wenn wir alle – Hunderte, Tausende Christen – den Judenstern uns angeheftet hätten, uns an den Sammelplätzen der Juden, die zur Deportation zusammengetrieben worden sind, aufgestellt hätten und gesagt hätten: die kommen nicht weg, ohne dass ihr uns mit wegbringt und vergast – dann wären sehr viel weniger vergast worden. Also, hätten die Juden, über das hinaus, was wir getan haben, eine ganz andere Solidarität erfahren, dann hätte das sehr vieles aufgehalten.*

FÜNFTES KAPITEL
Im Krieg gefangen

❖

Wir sind geliebter, als wir wissen.

❖

„Hätte ich mich erschießen lassen sollen?"

Es ist schwer zu ermessen, wie tief ein zehn Jahre währender Aufschub der Lebensträume und -wünsche einen Menschen prägt. So lange war Gollwitzer Soldat und Kriegsgefangener. Zu Beginn schien ihm alles noch voller neuer spannender Eindrücke, als er im Mai 1941 in Paris stationiert wird. Zwar erlebt er die beklemmende Isoliertheit eines Besatzungssoldaten, wenn er die Gärten und Museen von Paris besucht, in Straßencafés sitzt oder versucht, mit seinen wenigen Brocken Französisch mit Passanten ins Gespräch zu kommen. Paris beeindruckt den jungen Mann, von kriegerischen Handlungen berichtet er in seinem Tagebuch aus Frankreich nichts.

Dieses Porträt ist nicht der Ort, die einzelnen Stationen des Soldatenlebens und der Gefangenschaft Gollwitzers zu referieren. Das soll deren Bedeutung nicht mindern. Spannend sind die Einsichten, die Gollwitzer an bestimmten Wendepunkten für sich gewinnt und die ihn geprägt haben.

Da ist zunächst im Sommer 1941 die Begegnung mit dem deutschen Pfarrer von Paris, Hans-Helmut Peters. Sie macht ihm deutlich, dass ein kompromissloses Urteil über die nicht der Bekennenden Kirche angehörenden Geistlichen keine Zukunft hat. Der etwa gleichaltrige hannoversche Lutheraner Peters war der Bekennenden Kirche gegenüber sehr kritisch, erhofft sich eher Einfluss vom „teilweisen Mitmachen". Gollwitzer notierte damals: *Klar wurde mir: wie verhängnisvoll es ist, wenn wir Männer der Bekennenden Kirche unser Verhältnis zu vielen sogenannten ‚Neutralen' bestimmen lassen von dem, was sie verfehlen und was ihnen misslingt, statt von dem, worum es ihnen – bei aller Problematik der Durchführung – geht. Dadurch verletzen wir Bruderschaft, wo sie bestehen könnte, und berauben sie wie uns selbst gegenseitiger heilsamer Korrektur.* Man muss in die Zukunft sehen, meinte Gollwitzer, wenn der Krieg vorbei ist, darf man die scharfen Trennungen nicht fortsetzen, man muss sie überwinden und gemeinsam nach neuen Wegen ausschauen. Diese Offenheit im Meinungsaustausch und in der gemeinsamen Suche nach neuen Wegen zu wahren hat Gollwitzer später ausgezeichnet.

Eine zweite besondere Einsicht gewinnt er, als er im Juli 1941 in die französische Provinz verlegt wird. Dort erreicht ihn am 2. September 1941 die Nachricht seiner Mutter, in dem sie den Tod des jüngeren Bruders Uwe in der Ukraine mitteilt. Er kann zunächst nicht verstehen, was diese Nachricht bedeutet – ist, wie er selbst notiert, *für einen Augenblick wahrer und hellsichtiger*, weil alle Sinngebungen des Todes, *die politischen wie die ästhetischen und die lyrischen, mit denen man sich sonst abfindet*, wegfallen. Was dann aber meistens geschieht, sei ein Vertuschen dessen, was wirklich geschehen ist. *Dann strömen rasch die trüben Wasser der Selbstbelügung wieder zu, angefangen mit der dem Soldaten vor allem so naheliegenden und nahegelegten Formel des Sichabfindens.*

Demgegenüber halte das Christentum den Schrecken offen. *Es fällt kein Wort, das nur Kurzsichtige trösten könnte, jedes Wort hält dem ganzen Gewicht der Trauer stand, lügt nicht über sie hinweg und tröstet doch ganz.* Es gibt eben nicht das Jenseits als das *Tröstend-Erhoffte*, das den augenblicklichen Verlust eines Menschen wettmacht. Im Gegenteil: Das Jenseits wird zur erschreckenden Wirklichkeit, weil es den irdischen Möglichkeiten ein unerbittliches Ende setzt. *Da erst wird der Tod wirklich zur versteinernden Frage, aber auch das Wort von der Gnade zur lebendigen Tröstung und das ewige Leben zur Realität.* Eine Einsicht, die später ein Element seiner besonderen Botschaft vom *Leben in der Sinnesgewissheit* werden sollte.

Aber wie sah er sich selbst, machte er sich Gedanken über sein Leben nach dem Krieg? Gelegentlich ja, da hielt Gollwitzer Bilder einer erhofften oder erdachten Zukunft fest. Besonders farbig, als seine Schwägerin Lalita, Frau seines älteren Bruders Gerhard, ihn brieflich auffordert, doch einmal Träume seiner Zukunft festzuhalten. Da schilderte der knapp Dreiunddreißigjährige eine schöne Fantasie: Er als Pfarrer am Bodensee, mitunterrichtend an einem Institut zur Pfarrerausbildung, zusammen mit Eva Bildt, fünf Kinder beleben das ländliche Pfarrhaus, in dem viel gesungen und musiziert wird. Wenige Zeilen später korrigierte sich Gollwitzer. *Im Mittelpunkt bleibt der pfarrerliche Beruf, und zwar nicht im ersten Idyll des Dorfpfarrhauses, sondern im eigentlichen Schlachtgebiet heute, in der Stadt. Eine süddeutsche Mittelstadt, Freiburg etwa … Und von realer Wirklichkeit ist noch: das Ganze vollzieht sich in einer Kirche, die zwar vom Staat getrennt ist, aber doch alle Freiheit für ihre Arbeit besitzt.*

Sieben Jahre später korrigierte Gollwitzer die Wunschbilder für die „Zeit danach". Am 9. Oktober 1948 hielt er fest: *Halte ich auch Gemeinde für die höchste irdische Arbeitsmöglichkeit, so geht mein privates Sehnen doch sehr nach Schreibtisch und Katheder. Aber mir bangt vor der Verantwortung.*

Aber da ist er schon drei Jahre Kriegsgefangener, die Notiz schrieb er in einem Sonderlager bei Moskau.

Kriegsgefangen und befreit

Den Februar 1943 verbringt Gollwitzer im Donez-Becken südlich von Slawiansk. *Einen großen Teil meiner Kompanie habe ich dort – ich hatte mich zum Sanitäter umschulen lassen – mit begraben. Seither habe ich im Osten nur Rückzüge und knappes Entkommen aus Kesseln mitgemacht.* Auf rumänischem Boden geriet Gollwitzer schließlich am 10. Mai 1945 in russische Kriegsgefangenschaft.

Die Stationen seiner Gefangenschaft sind rasch erzählt. Erst Sammellager Tabor in Tschechien, dann ein kleines Waldlager südwestlich von Brjansk bis Dezember 1946, bis Juni 47 ein Fabriklager in der Nähe von Brjansk. Er wird schließlich in ein Sonderlager des Moskauer Innenministeriums verlegt, in dem vor allem Offiziere und eine große Anzahl Intellektueller interniert waren. Im März 1949 wurde er in ein Regimelager für „besonders belastete Einheiten und Individuen" nach Asbest in Westsibirien verbracht, arbeitet im September und Oktober am Aufbau einer Maschinen- und Traktorenstation, wird zunächst wegen einer Narbe am linken Oberarm als SS-verdächtig von der Entlassung ausgeschlossen, am 15. Dezember kann er endlich den Transportzug in Richtung Heimat besteigen.

Hunger, Knochenarbeit, schlechtes Essen, Krankheiten – ein Schicksal, das in diesen Jahren tausendfach durchlebt wurde, das viele Todesopfer forderte. Nicht dass und wie Gollwitzer diese Qualen überlebt hat, macht seine Gefangenschaft zu einer besonderen. Vielmehr wird die Gefangenschaft für Gollwitzer zu einer existenziellen Erfahrung. Er erlebt die Gefangenschaft als ein Gleichnis für die christliche Hoffnung. Wer als Gefangener lebt, lebt in einer „eschatologischen", also auf eine erhoffte Zukunft sich ausstreckenden Existenz. *Der Gefangene wartet ja nicht etwa ohne jegliche Erwartung für sein Leben, er erwartete sogar sehr viel, er war die fleischgewordene Erwartung, – aber er erwartete alles von der Zukunft, nichts von der Gegenwart und zwar alles von einer ganz bestimmten Zukunft, von einem ‚Tag', der ihm – biblisch zu reden – der ‚Tag des Herrn' war, der Tag, um deswillen sich allein das gegenwärtige Leben lohnte, von dem her allein es Sinn bekam.*

Die Gegenwart war entwertet. Lebenswert war das gegenwärtige Leben nur, sofern es als Hinschreiten auf das eschatologische Ziel von ihm her Sinn bekam.

Das Leben in einer bestimmten bedrängten Lage als ein Gleichnis verstehen – diese Botschaft hat vielen Menschen damals geholfen, die bitteren Nöte der eigenen Existenz zu ertragen. Hoffnung zu schöpfen in einer im Grunde hoffnungslosen Lage – das war in der Tat eine frohe Botschaft, die Mut machte.

Natürlich gab es eine Fülle von Selbsttäuschungen, mit der die Gefangenen sich die ersehnte Heimkehr schönredeten, alles erschien in rosaroten Farben, als könne es keine Konflikte mehr geben. Aber hinter allen diesen Illusionen und Schönmalereien war doch die eine Hoffnung lebendig, die ja auch dem christlichen Glauben zugrunde liegt: *Frei zu sein, sein eigenes Leben leben und gestalten zu können, ein sinnvolles, nicht ein zweckentfremdetes Leben, vereint in Liebe mit geliebten Menschen, das war Leben in Fülle. Wer das gleichnishaft verstand, der konnte daran erkennen, wie es mit unserem menschlichen Leben bestellt ist: Ist es mit Christus verbunden, so ist ihm künftige Entlassung aus der Herrschaft einer fremden, versklavenden Macht und Ankunft in der bleibenden Heimat zugesagt. Die Flüchtigkeit des Irdischen kann nicht mehr schwermütig machen, Vergänglichkeit, Tod und Weltende sind nicht mehr Gegenstand des Schreckens, weil sich die Sehnsucht über das Zeitliche hinaus richtet. Allein von der zugesagten Zukunft her hat auch die Gegenwart Sinn, und zwar einen so festen Sinn, dass er auch durch alles Bittere der Gegenwart nicht aufgehoben werden kann. Dieses Bittere dient vielmehr noch dazu, mir die Verheißung der zukünftigen Befreiung unüberhörbar wichtig zu machen.*

Wie eine Vorausschau auf sein rund 20 Jahre später erscheinendes grundlegendes Werk „Krummes Holz, aufrechter Gang" wirken die Passagen, in denen Gollwitzer nach dem Sinn fragt, der im Leben aufscheinen kann. *Dem ungläubigen Leben fehlt die sinngebende Hoffnung. Es sieht sich aus dem Nichts kommen und in das Nichts gehen. Darum muss es sich mit der Gefangenschaft abfinden; es muss der Gegenwart einen Sinn abzugewinnen suchen, den die Gegenwart doch nicht geben kann. Weil ihm das Ziel fehlt, muss es im Wege selbst das Leben suchen; es sehnt sich nicht nach Abkürzung des Weges, sondern nach seiner möglichst langen Dauer; es sieht dem Ende des Weges nicht mit Hoffnung, sondern mit Schrecken entgegen. Mit vorläufigen, vergänglichen Sinngebungen muss es sich zufrieden geben und muss die Augen schließen vor ihrem rasch sich offenbarenden Versagen, da ja doch (wie Augustin einmal sagt) nur Unvergängliches Vergänglichem Sinn geben kann. Der Mensch ohne die christliche Hoffnung muss sich abfinden mit dem, was hier in der Sklaverei fremder Mächte an nur scheinbarer Freiheit erreichbar ist, und auf andere, wirkliche Freiheit zu hoffen scheint wirklichkeitsferne Illusion. Das heißt aber nichts Geringeres als: er muss sich abfinden mit einem Menschsein, das nie zum wirklichen Menschsein kommt.*

„… und führen wohin du nicht willst"

Den Erfolg seines Berichts, den er 1951 als Buch veröffentlichte, konnte Gollwitzer zunächst gar nicht fassen. *Geschrieben im Broschürenstil, ein Buch für den Tag, das man rasch kauft, rasch liest und auch wieder wegwirft.* Nichts Wissenschaftliches, darum auch wenig wirksam, meinte er. Nur mit Mühe hatte Fritz Bissinger vom Kaiser Verlag in München, der Gollwitzer schon in den frühen 30er Jahren kennen gelernt hatte, ihn davon überzeugen können, dass er den Bericht gerade in dieser schlichten Form veröffentlichen müsse – Gollwitzer zögerte lange, ihm wäre ein *gründliches, systematisches und wissenschaftlich belegtes opus* lieber gewesen. Ob es dann allerdings diese breite Wirkung gehabt hätte, kann man mit Recht bezweifeln. Voller Genugtuung erinnerte Bissinger seinen alten Freund „Golli" zu dessen siebzigsten Geburtstag: „Nun, ‚...Und führen, wohin du nicht willst' ist das Buch des Kaiser Verlags mit der höchsten Auflage geworden: 360 000 Exemplare in deutscher Sprache, ohne die vielen Übersetzungen. Es ist ein menschliches und christliches Dokument von überragender Bedeutung geworden." Gollwitzer wurde mit einem Schlag bekannt, Auflage folgte auf Auflage, fünf Jahre später wurde das 220. Tausend gedruckt, Bundespräsident Theodor Heuss nannte das Buch „ein großes geschichtliches Dokument" wegen „seiner phrasenlosen, konkret-nüchternen Sachlichkeit und psychologischen Deutkraft".

Warum der über 300 Seiten lange, manchmal wie ein Tagebuch gestaltete Bericht viele Deutsche so tief berührte und – das zeigen die zahlreichen Übersetzungen – Menschen jenseits der deutschen Grenzen in den Bann schlug, das hat zahlreiche Gründe. Ganz oben steht sicher die Tatsache, dass Gollwitzer sich als guter Schreiber erweist. Bis heute fasziniert die Klarheit seiner Sprache, die Stimmigkeit seiner Bilder, die natürliche Art des Erzählens, die sich nicht interessant machen möchte und dennoch viele Botschaften zwischen den Zeilen übermittelt.

Die eigentliche Botschaft aber war zunächst: Der unerschütterliche Glaube daran, dass – wider alle Vernunft – Gottes Führung in einer schrecklichen Zeit zu spüren ist. Das verriet schon der Titel. Es kommt darauf an, wie man die schrecklichen Ereignisse deutet, wie man Not und Verzweiflung verstehen kann. Im Grundton der Notizen erklingt eine nie versiegende Hoffnung, nicht nur auf eine Heimkehr, auf ein Ende der Gefangenschaft, sondern darauf, dass diese Lebenszeit eine „bewahrte", von Gott getragene Zeit ist, die – wie auch immer – zu einem guten Ende findet. *Es war für mich in besonderem Maße unselbstverständlich, dass ich als ein nicht nur äußerlich, sondern auch ein innerlich freier, nicht einem fremden Zwang und Dienst unterworfener Mensch die Heimat wiedersehen durfte. Dass ich darin gnä-*

dig bewahrt worden bin und furchtlos genug gemacht worden bin, um aus allen Umstrickungen mit ‚unverletzter Seel' herauszukommen, hat meine Rückkehr erst eigentlich zur Heimkehr gemacht.

Gleichzeitig brach das Buch gleich mehrere Tabus. Die Russen waren nicht die „Untermenschen", die „Bestien", als die sie in den letzten Kriegsjahren dargestellt wurden – und wie sie auch gelegentlich von Flüchtlingen erlebt wurden. Die „Kommunisten" trugen menschliche Gesichter, waren an Gesprächen und Diskussionen interessiert, behandelten die Deutschen besser als diese die Zwangsarbeiter und russischen Kriegsgefangenen behandelt hatten. Das andere Tabu, das Gollwitzer durchbrach: Schonungslos berichtete er über seine mit eigenen und den Augen Mitgefangener erlebten Verbrechen der Wehrmacht, deren Teilnahme an Judenerschießungen in Russland, an denen einige der Gefangenen sogar selbst beteiligt waren. Ein Thema, über das zu Beginn der 50er Jahre niemand öffentlich redete.

Was diesem Bericht dagegen ganz fehlt, ist der klagende Unterton der Opfer, als die sich so viele Deutsche in den Nachkriegsjahren fühlten. Offen tritt er dem Verschweigen aller Schrecken der Judenvernichtung entgegen, spricht unverdeckt von einer deutschen Schuld – ein Wort, das so wenige Jahre nach Kriegsende viele scheuten. Wie schwer hatten sich 1945 selbst die evangelischen Kirchen getan, auch nur eine Mitschuld an dem millionenfachen Morden einzugestehen. Ohne Rücksicht auf den Vorwurf der Kollektivschuld aller Deutschen, damals ein Unwort und international immer wiederholt, sprach Gollwitzer von der Tatsache einer Schuld, die viele auf sich geladen hatten. Die einfache Ehrlichkeit seiner Haltung überzeugt bis heute.

Im „Krasnogorsker Tagebuch", das einen großen Teil des Berichts einnimmt, hält er die in fast zwei Jahren erlebten heftigen Diskussionen und Auseinandersetzungen mit Offizieren und Soldaten um die deutsche Schuld fest. Das Lager, in dem Gollwitzer fast drei Jahre der Gefangenschaft zugebracht hatte, war ein Sonderlager des Ministeriums des Inneren nahe Moskau. Das Leben im Lager war, verglichen mit den vorigen Arbeitslagern – geradezu luxuriös. Niemand musste bis zur Erschöpfung arbeiten, die Verpflegung war zwar nicht gerade gut, aber man konnte teilen, die Lagerleitung bemühte sich nach Kräften um ausreichendes Essen für alle. Was das Lager aber zum besonderen machte, waren die zahlreichen Lese- und Diskussionsabende. Sie fanden auf Bitten des „Aktivs", der Lagerleitung statt. Gollwitzer spielte dabei eine besondere Rolle. Einmal, so berichtet er, habe man Fotos eines deutschen Polizeibataillons im „Großen Club" aufgehängt, das die Soldaten bei von ihnen durchgeführten Exekutionen und Liquidationen zeigte. Geteilte Reaktionen, die einen taten das als Sowjetpropaganda ab, andere waren betroffen. Gollwitzer sollte ergänzend in einer vom „Aktiv" einberufenen Lagerversammlung über die „Schuldfrage" sprechen. Er besprach, wie er erzählt, drei Reaktionen:

1. Wir haben nichts davon gewusst! – Aber warum haben wir nichts davon gewusst? Haben wir nichts wissen können oder nichts wissen wollen?

2. Wir haben es nicht gewollt! – Haben wir es damals alle wirklich, von ganzem Herzen nicht gewollt oder wollen wir es nur heute nicht mehr?

3. Wir konnten nichts dagegen tun! – Haben wir alles getan, was wir dagegen tun können? Haben wir alles an Hilfe für die Verfolgten getan, was wir konnten?

Gegen Ende erzähle ich eine Szene in einem Urlauberzug 1942, in dem einer von den Judenerschießungen berichtete und in unser bedrücktes Schweigen hinein sagte: ‚Wenn es einen Gott gibt, muss sich das ja rächen.' ‚Es gibt einen Gott, und es hat sich gerächt.' Totenstille ist im Saal.

Es scheint richtig verstanden worden zu sein, auch von solchen, die dem Dritten Reich noch nachtrauern, und führt gerade mit ihnen zu guten Gesprächen.

Das andere Tabu, das Gollwitzer mit seinem Bericht durchbrach, sollte ihm später zu schaffen machen. Er wagte es, die offene und selbstkritische Auseinandersetzung mit dem Marxismus und dessen Erben im Sowjetsystem zum Thema zu machen. Das war mutig, vor allem zu Beginn der 50er Jahre, in einer besonders heißen Zeit des Kalten Krieges. Dabei ergriff Gollwitzer keineswegs Partei für den Marxismus, im Gegenteil: Er verschwieg nicht die bösen Folgen, die der Stalinismus in Russland gezeitigt hatte. *Ganz Russland ist ein Lager, d.h. die Methoden ihres Kriegsgefangenenwesens sind keine Besonderheit, sondern nur eine für sie selbstverständliche Anwendung dessen, was überall gilt. Es gibt in den Lagern ein Spitzelnetz, weil es überall besteht; unsere Versuche kultureller Arbeit werden nicht nur deshalb so überwacht und eingeschränkt, weil man faschistische Umtriebe fürchtet, sondern weil überall die gleiche Gängelung besteht; unsere Kameraden sind in Massen verhungert, weil überall das System und die Produktion wichtiger sind als die Menschen und weil sie darum überall verhungerten.*

In einem Brief nach seiner Heimkehr klingt die Anstrengung wider, die ihn diese Auseinandersetzungen gekostet haben. *Meine Auseinandersetzung mit der uns doch so total umgebenden Weltanschauung, die mich ununterbrochen in Atem hielt, geschah keineswegs so sieghaft und selbstsicher, dass ohne ein erstaunliches Führen Gottes und erleuchtetes Reden des Wortes, das ‚mich weiser macht als meine Feinde sind' (Psalm 119, Vers 98) der Ausgang von vornherein gewiss gewesen wäre ... Dass ich schließlich hinter den Scheinwerfern den Betrug der Schlange und der ‚vernünftigen Reden' zu erkennen vermochte, hat ebenfalls meine Rückkehr erst zur Heimkehr gemacht.*

Dennoch blieb er überzeugt, dass *Christen und Marxisten die beiden einzigen Gruppen waren, die als Gestaltungsfaktoren des geistigen Lebens in Deutschland übrig geblieben sind.* Ihre Zusammenarbeit ist seiner Ansicht nach die *Entscheidungsfrage eines sinnvollen Neuaufbaus.*

Bedingung wäre allerdings die gegenseitige Duldung, das Verzichten auf jeden totalitären Anspruch oder gar das Terrorisieren von Minderheiten, und man müsse sich gegenseitig ernst nehmen.

Als Gollwitzer diese Meinung an einem Lagerabend öffentlich vortrug, erntete er harsche Kritik von der Lagerleitung. Nun habe er sich endgültig entlarvt, meinte einer – und hat sich damit, so schloss Gollwitzer, selbst entlarvt.

Sein Schluss: Diese Absage an einen offenen Dialog zwischen Christen und Marxisten darf es in Deutschland nicht geben, wenn es den Beteiligten wirklich um eine geistige Erneuerung geht. *Es liegt an uns zu zeigen, dass das Christentum nicht eine klassengebundene Stütze der ‚Reaktion', d.h. der am Bestehenden interessierten Kräfte ist, dass die Kirche sich von ihrer Klassenbildung, die ja leider kein Märchen ist, freizumachen weiß, dass unser Nein zum Marxismus seinen Messianismus meint und nicht seine gesellschaftliche Revolution.*

Die Überzeugung, dass es einen ernsthaften Dialog mit Marxisten geben müsse und dass ein grundsätzlicher Antikommunismus falsch sei, hat Gollwitzer aus seiner Gefangenschaft mitgebracht. Diese geistige Offenheit hat ihm bald den Ruf eingebracht, er sei „Kommunistenfreund" und verfechte einen „weichen Kurs gegenüber dem Bolschewismus".

1956

SECHSTES KAPITEL
Den eigenen Weg finden

❖

*Wir sind auf einem Lauf nach vorne mitgenommen,
der uns den Atem verschlägt.*

❖

Lehren und Lernen in Bonn

Noch ehe Gollwitzer aus der Kriegsgefangenschaft heimgekehrt war, schienen die Weichen für seinen beruflichen Weg gestellt. Die Humboldt-Universität in Berlin hatte den Gefangenen angefragt, ob er nach seiner Rückkehr eine theologische Professur übernehmen wolle. Die Landesregierung des neu geschaffenen Bundeslandes Nordrhein-Westfalen hatte mit dem Datum des 13. Dezembers 1948 bereits eine gesiegelte Urkunde ausgestellt: „Hiermit wird der Pfarrer Dr. Helmut Gollwitzer unter Berufung in das Beamtenverhältnis auf Lebenszeit zum ordentlichen Professor ernannt." Eingelöst wird diese Urkunde am 31. Januar 1950, nur vier Wochen nach Gollwitzers Heimkehr. Ihm wird mit Wirkung vom 1. November 1949 (also rückwirkend) an der Evangelisch-Theologischen Fakultät der Universität Bonn die freie Stelle eines ordentlichen Professors verliehen.

Bevor Gollwitzer am 1. Mai seine Stelle antritt, erholt er sich in der ökumenischen Casa Locarno, einem hoch über dem schweizerischen Locarno am Lago Maggiore gelegenen Haus, das der Ökumenische Rat der Kirchen in Genf und das Hilfswerk der evangelischen Kirchen der Schweiz im Jahr 1947 gekauft hatten und das der Erholung und Begegnung kirchlicher Mitarbeiter diente. Einer der ersten, den er dort traf, war zu seinem großen Missvergnügen der bayerische Landesbischof Hans Meiser, der schon während der Nazizeit als Bischof der Bekennenden Kirche gegenüber sehr kritisch eingestellt war. „Finster schweigend" habe er den Ausführungen Meisers beim Abendessen zugehört, berichtete er in einem Brief an Gertrud Staewen.

Noch nicht sicher war Gollwitzer zu diesem Zeitpunkt, ob die Entscheidung nach Bonn zu gehen, tatsächlich die richtige war – oder lieber Berlin, dessen Kirchliche Hochschule doch näher am Pfarrerberuf angesiedelt schien? Andererseits: *Ich brauche zwei stille Jahre (wenn Gott sie mir gibt!), und in Bonn kann man sie haben; es ist keineswegs turbulent und das Fakultätsleben geht ganz abseits von der Bundeshauptstadt.*

Das traf zwar nur für die ersten Monate zu. Sein größtes Interesse wandte er den Studenten zu, deren Lage er als schlecht einschätzte, alleingelassen von den Professoren, ohne Leitfaden in die heftigen Auseinandersetzungen zwischen den verschiedenen theologischen Schulen geworfen. Bald öffnete er sein Haus für viele Studenten, denen er wie vor dem Krieg in Dahlem seinen Konfirmanden Zeit und Raum schenkte.

Eine neue, alte Liebe

Wenige Wochen nachdem Gollwitzer seine Vorlesungen in Bonn aufgenommen hatte, erhält er überraschend Besuch von einem alten Freund. Der kommt nicht allein, er wird von einer jungen Frau begleitet: Brigitte Freudenberg, eine „alte Bekannte" von Gollwitzer – er hatte sie in Dahlem kennen gelernt, sie war bei Niemöller in den Konfirmandenunterricht gegangen. Gollwitzer hatte ihre Familie auf Drängen von Martin Niemöllers Frau Else besucht und dabei die fünfzehnjährige Brigitte zum ersten Mal gesehen.

Mit dieser unvergesslichen Nachmittagsstunde begann unsere Freundschaft.

Freilich war diese Freundschaft nur allzu kurz und lange unterbrochen. Brigitte Freudenbergs Mutter Elsa war zwar getauft, aber jüdisch, der Vater Adolf hatte deswegen seinen Beruf als Legationsrat 1933 aufgegeben und hatte in Berlin begonnen, Theologie zu studieren, um Pfarrer in der Bekennenden Kirche zu werden. 1939 wanderte die Familie Freudenberg in die Schweiz aus, gerade noch rechtzeitig, und blieb für die Dauer des Krieges dort. Im August 1939 hatten Helmut und Brigitte sich zum letzten Mal vor dem Krieg gesehen, als Gollwitzer gemeinsam mit Gertrud Staewen die Familie im Kanton Wallis besucht. Die Freudenbergs gehörten zu einer großen Industriellenfamilie, die im walisischen Lac Champex ein Ferienhaus besaß.

Dann also das Wiedersehen mehr als zehn Jahre später in Bonn. Wieder ist, was wir aus dem Mund von Gollwitzer über die Begegnung und die darauf folgenden Monate erfahren, von erstaunlicher Nüchternheit. Sie hätten sich gesehen, und *da ich ihr Bild schon lange in meinem Herzen getragen hatte, wurden wir an jenem Tage rasch handelseinig und haben dann im Laufe der nächsten Monate unsere Familien an unsere Absicht zu heiraten gewöhnt.*

Kein Wort davon, dass die beiden sich erst zwei Monate nach der ersten Begegnung in Bonn, nämlich im Juli, gegenseitig ihre Liebe eingestehen, dass Gollwitzer aber mit einem Eheversprechen zögert, um ein Jahr Bedenkzeit bittet, weil die Erinnerung an Eva Bildt noch so lebendig ist, auch Brigitte will sich noch einmal besinnen. Im November allerdings verloben sich beide, die Hochzeit wird für März festgelegt.

Die Nüchternheit, mit der der inzwischen Zweiundvierzigjährige die für das weitere Leben so entscheidende Begegnung schilderte, lässt wenig von dem Zögern spüren, ebenso wenig wie von der rasch aufkeimenden Hoffnung und der Tatsache, dass diese kurze Zeit der Beginn einer 36 Jahre währenden glücklichen Partnerschaft war. Die Hochzeit fand am 31. März in Frankfurt statt, in der Gemeinde, in der Brigitte seit Oktober 1945 als „Gemeindehelferin" arbeitete – und die Gemeinde feierte die Hochzeit zugleich als Abschiedsfest für „Fräulein Freudenberg". Über hundert Kinder aus Brigittes Kindergottesdienst zogen mit dem Gesang „Weil ich Jesu Schäflein bin" in den Gottesdienstraum ein. *Martin Niemöller traute uns in jenem halb unterirdischen Turnsaal, in dem die Kuhwald-Gemeinde ihre Notkirche eingerichtet hatte.* Der Trauspruch war aus dem Johannes-Evangelium ausgewählt: „Von seiner Fülle haben wir alle genommen Gnade um Gnade" (Johannes Kapitel 1, Vers 16) – das Bibelwort, das Gollwitzer schon einmal als Trauspruch ausgesucht hatte: für die Hochzeit mit Eva Bildt.

Gefeiert wurde anschließend im Pfarrhaus Auf dem Heilsberg nahe Frankfurt, dem Ort, an dem Adolf Freudenberg, der Vater Brigittes, zum Pfarrer berufen worden war. Am gleichen Abend fuhr das Brautpaar im Zug nach Brione an den Lago Maggiore – vierzehn Tage Flitterwochen bei schönstem Sonnenschein, und dann die Rückkehr in die beiden möblierten Zimmer, die der Professor in Bonn bewohnte.

Brigitte war eine zugewandte, freundliche Frau, größer als ihr Mann, hochgewachsen und fast schmal. Ihre lebendigen braunen Augen strahlten Wärme aus, sie verfügte über einen warmen und zugleich kritischen Verstand. Ihr Gesicht schien ein wenig spitz, die Trennung von Berlin, der Aufenthalt in der Schweiz hatte sie viel Kraft gekostet, zeitweilig hatte sie während des Exils an Magersucht gelitten, „während der ganzen Emigration war ich physisch krank, ein Strich und einfach nicht zum Leben zu kriegen. Das heißt, ich lebte zwar kräftig, war aber ein ständiger Sorgepunkt für Ärzte und alle um mich herum", erinnerte sie in einem Gespräch mit einer Zeitschrift. Als sie in das Nachkriegs-Frankfurt zurückgekehrt war, war sie geradezu enthusiastisch gestimmt. Im Oktober 1945 war sie als Gemeindehelferin in der Flüchtlingsarbeit bei einem Pfarrer der Bekennenden Kirche, Otto Fricke, „eingestiegen, wirklich mit der Hoffnung: jetzt fangen wir ganz von vorne an, machen etwas ganz Neues ... Ein tolles Freiheitserlebnis!" Das allerdings sollte bald der Enttäuschung weichen. Die restaurativen Tendenzen in der Kirche und die Diskussion um die Wiederbewaffnung enttäuschten sie bitter, aber ließen sie nicht resignieren. Im Gegenteil: Wie ihr Mann nahm sie regen Anteil an allen Diskussionen und Aktionen, die sich gegen diese Restauration richteten. Mitten in den Unruhen der 68er Studentenbewegung wurde sie von einem Reporter einmal gefragt: „Man sagt, Sie seien die APO (außerparlamentarische Opposition) in diesem Hause. Stimmt es, dass Sie radikaler sind als Ihr Mann?" Ihre Antwort: „Ich würde es nicht radikaler nennen, aber vielleicht bin ich konsequenter." Ihr Mann stimmte ihr zu und nannte sie *mein Gewissen*. Brigitte sei sein Motor gewesen, hat er nach ihrem Tod gesagt.

Die beiden erfuhren bald, dass sie keine Kinder würden haben können, beschlossen zunächst – zum Entsetzen ihrer Familien –, sie wollten zwei „Toxis" – Mischlingskinder, die von den Besatzungssoldaten hinterlassen worden waren – adoptieren. Dazu kam es aber nicht, weil es bald genug Studenten gab, die bei den Gollwitzers als Vizeeltern unterkrochen.

Die innige Beziehung zwischen den beiden hat einer dieser Studenten, Reinhard Tietz, auf eine besonders eindrückliche Weise beschrieben: „Mir ist in meinem Leben kein Menschenpaar begegnet, das sich in solcher Intensität geliebt hat – nicht trotz und gegen dieses Verschiedensein, sondern in Glück, Freude und Dank über das Verschiedensein. Was er lebte und predigte, war immer auch Dank für das Geschenk dieser ganz besonderen Liebesbeziehung zwischen ihnen beiden."

Der Professor in Bonn

Mühe habe ihm, so erinnerte er sich später, der Anschluss an die akademische Arbeit bereitet. Zehn Jahre lang war er den theologischen Diskussionen fern gewesen, zurückgreifen konnte er lediglich auf seine wissenschaftlichen Arbeiten bis 1941, seine Doktorarbeit und die Abhandlungen darüber, wie Reformierte und Lutheraner ihre Traditionen auf eine bessere Gemeinschaft hin auslegen könnten.

Schon bald jedoch konnte Gollwitzer sich einen Ruf erwerben, der über den eines Barth-Schülers weit hinausging. Dabei war es nicht nur seine sehr besondere Art des Theologietreibens – weniger dogmatisch orientiert als vielmehr auf die praktische Frömmigkeit zielend –, die viele Studenten anzog. Bald pilgerten Theologiestudenten nicht nur aus Deutschland nach Bonn, um den kleinen Professor kennen zu lernen. Eine der hervorstechenden Beschreibungen des Bonner Gollwitzers hat Paul Oestreicher festgehalten. Der in Deutschland geborene und 1939 nach Neuseeland emigrierte Arztsohn aus dem thüringischen Meiningen war in den fünfziger Jahren nach Bonn gekommen, weil er überwältigt war vom Gefangenschaftsbericht Gollwitzers. Er las ihn, als er gerade in Neuseeland in Politikwissenschaften graduierte. „Dieses Buch eines christlichen Sozialisten, mit den Verirrungen des Stalinismus ringend, war der Beginn meiner eigenen Reise von der Politik in die Priesterschaft", erinnerte sich der spätere anglikanische Geistliche von Coventry. Er wurde einer von Gollwitzers Forschungsstudenten der fünfziger Jahre. An seinem Leben teilzuhaben sei eine „zündende Erfahrung" gewesen, schrieb Oestreicher. „Er war einem deutschen Professor so unähnlich, wie es nur irgend vorstellbar ist. Mit seinem starken bayerischen Akzent war seine Erscheinung mehr die eines auf seinem Land verwurzelten Bauern als die eines Pfarrers von akademischem Rang. Das Funkeln seiner Augen verriet einen entwaffnenden, selbstkritischen Sinn für Humor. Er hätte genau so gut ein großartiger Clown oder der klassische ‚kleine Mann' auf einer tragikomischen Bühne werden können ... Und er konnte von Herz zu Herz genauso gut kommunizieren wie von Kopf zu Kopf ... Im Herzen war er ein Pfarrer, den die gescheiterte Liebesaffäre eines Studenten genauso bewegte wie der Verrat an christlichen Werten in Bonns Wie-werde-ich-schnell-reich-Gesellschaft."

Das Haus Gollwitzers wurde für viele Studenten zu einer Begegnungsstätte, es stand immer offen. Es mag zu dieser für die damalige Zeit ungewöhnlichen Nähe zwischen Professor und Studenten beigetragen haben, dass Gollwitzer gleichzeitig Hausvater des Studentenwohnheims war.

Bald jedoch konnte er sich auch aus den politischen Diskussionen nicht mehr heraushalten – nicht nur, weil er in der Bundeshauptstadt lebte und arbeitete, sondern auch, weil es in der politischen Landschaft um Themen ging, die ihn unmittelbar erregten: die Forderung nach Rückgabe der heimatlichen Ostgebiete, um den Frieden und die Wiederbewaffnung der jungen Bundesrepublik.

Was den Christen die Politik angeht

Der vierte Deutsche Evangelische Kirchentag in Stuttgart vom 27. bis 31. August 1952 gab Gollwitzer die Gelegenheit, seine grundlegende Position zur politischen Ethik darzulegen. Unter dem Motto „Wählt das Leben" stand die Frage der Einheit der Christen im geteilten Deutschland im Vordergrund der Diskussion. Die Teilnahme evangelischer Christen aus der DDR hatte deren Regierung durch die Verweigerung von Interzonenpässen verhindert. Der „Kalte Krieg" zwischen dem Westen und dem Ostblock hatte auch den Kirchentag im Griff.

Das war Gollwitzer bewusst, das Thema seines Vortrags zeugt ebenso davon wie seine Botschaft. An den Anfang stellte er die Frage: *Was geht den Christen die Politik an?* Die Antwort ist ebenso schlicht wie radikal: *Es kann im Bereich der Politik nichts geben, was nicht sofort eine schreiende Frage nach der Kirche ist.* Die Erinnerung an die Nazizeit und das Flüchtlingselend spitzt die Eingangsfrage zu: *Machen wir auch wieder nur einfach mit, oder kommt durch das Dasein der christlichen Gemeinde ein anderer Ton in das allgemeine Geschrei zwischen Ost und West, in die gegenseitigen Beschuldigungen und Verdammungen, in die täglichen Kriegserklärungen des Kalten Krieges, in die Partei- und Wirtschaftskämpfe hinein?*

Nicht einfach mitmachen, einen anderen Ton in die Auseinandersetzungen bringen – diese Forderung ist für Gollwitzer unmittelbar aus Gottes Wort ableitbar, und zwar in drei Blickrichtungen. Die erste: Gott ruft uns auf, Menschen des Friedens zu sein. Krieg darf kein Mittel der Politik mehr sein. Christen müssen dem Ost-West-Hass widerstehen, Regierungen und Völker zum Frieden rufen, sich entscheiden, nicht dem Unfrieden das Wort zu reden, stattdessen den Brückenbau zu versuchen.

Die zweite Blickrichtung: Gott liebt das Recht, darum sind Christen Menschen des Rechts. Das bedeutet: Ein Christ muss den Rechtsstaat verteidigen, im Notfall auch mit der Waffe. Christen können nach Meinung Gollwitzers nicht grundsätzlich Pazifisten sein. Aber auch im Inneren eines Staates muss man das Recht wahren, man darf Unrecht nicht mit Unrecht bekämpfen. Gegen den Rechtsbruch des Staates muss Widerstand geleistet werden. *Gegen Terror schützt in Wirklichkeit nicht Terror, sondern nur das Recht, auch wenn es schwach scheint.*

Die dritte Blickrichtung: Gott ist ein Gott der Vergebung. Darum sind Christen Menschen der Vergebung. Gollwitzer warnt energisch vor der Verdrängung der deutschen Schuld an den Verbrechen der Vergangenheit. Eindringlich fragt er: *Haben wenigstens wir Christen in Deutschland uns als Deutsche demütigen lassen? Haben wir alle innerlich mitgesprochen, was die Kirchen im ‚Stuttgarter Schuldbekenntnis' 1945 gesprochen haben? Nur wer sich demütigen lässt, lernt etwas aus dem, was er erlebt; nur er zieht die rechten Konsequenzen aus dem Zusammenbruch.*

Der Vortrag weckte nicht nur Beifall. „Anwalt der Kollektivschuld" nennt ihn ein aufgeregter Besucher, andere nehmen Anstoß daran, dass er die deutsche Einheit höher werte als die Freiheit. Konservative Lutheraner werfen Gollwitzer vor, er missbrauche die Theologie als Maske, um vorgefasste politische Entscheidungen zu legitimieren.

Was an diesem frühen Vortrag deutlich wird: Gollwitzer erlebt die Theologie als eine „praktische" Wissenschaft. Er lebt nicht in der Gedankenwelt theologischer Diskussionen über das Wesen Gottes oder die Wahrheit der Auferstehung, sondern spornt den Christen an, Position zu beziehen und sich leidenschaftlich an der politischen und gesellschaftlichen Auseinandersetzung zu beteiligen. Auffallend ist dabei, dass Gollwitzers theologische Wurzeln durchaus eher konservativ scheinen, seine Grundsätze sind „gut lutherisch". Die Konsequenzen aber, die er aus diesen Grundeinsichten für sich und die Christen im allgemeinen zieht, haben mit konservativen Strömungen nichts mehr zu tun. Grund für das neue Verständnis der traditionellen „Zwei-Reiche-Lehre" ist, dass Gollwitzer sie eschatologisch versteht. Die Hoffnung auf die von Gott verheißene Zukunft versetzt den Menschen in eine grundlegende Spannung, die ihn dazu antreibt, sich im Sinn der kommenden Gerechtigkeit und des göttlichen Friedens einzusetzen. *Wenn der Himmel sich ändert, ändert sich auch die Erde* – so spitzte er später seine Sicht auf den Zusammenhang zwischen Glauben und Handeln zu. Oder: *Weil Gott die Tränen abwischen wird, hat es Sinn, hier schon Tränen zu trocknen und zu verhindern.*

„Hofkaplan" und Außenseiter

Nicht nur die Theologie trieb Gollwitzer dazu, sich in politische Streitfragen einzumischen. Der durch den Bericht aus der Kriegsgefangenschaft prominent gewordene Theologe erregte die Aufmerksamkeit vieler Politiker in der Bundeshauptstadt. In den vier Jahren seiner Lehrtätigkeit in Bonn sei er zu einer Art *Hofkaplan des Bonner Regierungslagers* geworden, schmunzelte er in einem Gespräch mit der Journalistin Carola Stern im Jahr 1978. Seine aufrechte Haltung während der Nazizeit wies ihn als Mann mit weißer Weste aus, seinen Antikommunismus hatte er mit seinem Buch deutlich markiert – Kontakte zu ihm waren durchaus opportun. Außerdem verband ihn mit dem Bundespräsidenten Theodor Heuss eine Bekanntschaft aus Dahlemer Tagen. War er nicht häufiger in dessen Residenz, der Villa Hammerschmidt, zu Gast? Und war er nicht an der Spitze des Trauerzuges bei der Beerdigung der Gattin des Bundespräsidenten, Elly Heuss-Knapp, von der Bonner Luther-Kirche den langen Weg zum Bahnhof gezogen? Innenminister Robert Lehr lässt 10 000 Exemplare seines Berichts ankaufen. Innenminister Gerhard Schröder bittet ihn, eine Gedenkrede auf die Opfer des Aufstandes vom 17. Juni 1953 im Bundestag zu halten. Wirtschaftsminister Ludwig Erhard lässt seine Tochter von ihm trauen. Justizminister Thomas Dehler lädt Gollwitzer und seine Frau Brigitte zur Gartenparty bei Bundeskanzler Konrad Adenauer ein.

Der „Hofkaplan" hatte allerdings auch Freunde, die politisch ins Abseits gerieten. Der prominenteste war zweifellos Innenminister Gustav Heinemann, zugleich einer der Spitzenrepräsentanten des deutschen Protestantismus. Heinemann war auch Präses der Synode der Evangelischen Kirche in Deutschland. Gollwitzer und Heinemann hatten sich 1936 bei einer Arbeitstagung der Bekennenden Kirche in Essen flüchtig kennen gelernt. 1950, als Gollwitzer nach Bonn kam, wurde der Kontakt schnell enger. Der äußere Anlass war ein Skandal, den ihr gemeinsamer Freund Martin Niemöller, Kirchenpräsident der Hessennassauischen Landeskirche, durch ein Zeitungsinterview Ende 1949 ausgelöst hatte. Die neugeschaffene Bundesrepublik, so Niemöller, sei „in Rom gezeugt, in Washington geboren". Damit wollte er einerseits die observant katholische Orientierung Adenauers karikieren, andererseits deutlich machen, dass er die Sorge hatte, Deutschland werde sich Amerika mit einer Wiederbewaffnung andienen.

Daraufhin hatte Adenauer von Heinemann verlangt, sich von Niemöllers Aussage zu distanzieren. In dieser Zwickmühle suchte Heinemann, ein entschiedener Gegner der Wiederbewaffnung und hoher Repräsentant des deutschen Protestantismus, den Rat Gollwitzers. Das war im Mai 1950 – aus diesem ersten Kontakt erwuchs im Laufe der Jahre eine enge Freundschaft. Daran änderte auch die unterschiedliche Meinung über die Wiederbewaffnung nichts. Für Heinemann war das „Nein" eine Existenzfrage, er war im Herbst 1950 von seinem Amt zurückgetreten, aus der CDU ausgetreten und hatte eine eigene Partei, die Gesamtdeutsche Volkspartei (GVP) gegründet. Für ihn war klar: Ein Christ konnte nur dann dem Frieden dienen, wenn er gegen die Wiederbewaffnung war. Die Deutschen wieder mit Waffen auszustatten – hieß das nicht, gegen Gottes Willen verstoßen? Ist es nicht so, „dass wir durch

Gottes Gericht waffenlos gemacht worden sind um deswillen, was wir mit der Waffe angerichtet haben?"

Gollwitzer dagegen konnte sich damals weder zu einem klaren „Ja" noch zu einem klaren „Nein" entscheiden. Pazifismus kam für ihn nicht in Frage, er ließ sich für ihn aus dem Evangelium nicht ableiten. Für die Verteidigung der Freiheit musste unter Umständen auch eine Armee geschaffen werden. *Wir können nicht wünschen, dass der Osten über den Westen Herr wird*, sagte er damals.

Heinemann bat Gollwitzer trotzdem, in den Bundestagswahlen des Jahres 1953 im Wahlkreis 69 Bonn Stadt und Land als Kandidat der GVP direkt gegen Konrad Adenauer anzutreten. Gollwitzer lehnte ab, erklärte Heinemann seine Bedenken, dass er ein Bündnis der GVP mit dem aus der DDR unterstützten „Bund der Deutschen", das Heinemann guthieß, nicht billigen könne. Der Freundschaft zwischen beiden hat diese Absage nicht geschadet. Sehr wohl aber hat sie Gollwitzer in der Öffentlichkeit den Ruf eines Brückenbauers zwischen den Fronten eingetragen, die Hoffnung, er könne zwischen den Parteien vermitteln. Gollwitzer selbst war damals der Meinung, ein Theologe solle sich politisch möglichst zurückhalten. Diese Haltung änderte sich im Herbst des Jahres 1954 radikal.

Aufrüstung und Frieden

Der Kurs der Bundesregierung zeichnete sich schon Anfang der 50er Jahre klar ab: Wiederbewaffnung und Einführung einer allgemeinen Wehrpflicht in der „Bundeswehr". Dagegen formierte sich öffentlicher Widerstand. Im November 1954 unterzeichnete Gollwitzer eine Erklärung gegen die Wiederaufrüstung. Am 29. Januar 1955, im Vorfeld der parlamentarischen Verabschiedung der Pariser Verträge, durch die die Bundesrepublik in das westliche Bündnis einbezogen wurde, versammeln sich aus Protest dagegen etwa tausend Menschen in der Frankfurter Paulskirche. Zu den Rednern der Veranstaltung gehören unter anderen Erich Ollenhauer, der Vorsitzende der SPD, der bekannte Soziologe Alfred Weber und die beiden evangelischen Christen Helmut Gollwitzer und Gustav Heinemann.

Gollwitzer geht es darum, eine endgültige Teilung Deutschlands zu verhindern. Zwar ist er noch immer überzeugt, dass eine Wiederbewaffnung helfen kann, die Familie *gegen Räuber zu schützen*. Aber zugleich räumt er ein: „Der Vergleich mit den Räubern ist kein schöner Vergleich. Die Sowjets haben sich zuviel geleistet, als dass die sich darüber wundern dürften. Es wäre aber verhängnisvoll, wenn wir unser Verhältnis zu ihnen nur auf diesen Nenner bringen wollten."

Am Schluss seiner Rede begründet Gollwitzer auch, warum er seine bisherige Zurückhaltung aufgegeben hat, öffentlich zu politischen Fragen Stellung zu beziehen: *In vielen Briefen wurde ich bestürzt gefragt, warum ich jetzt von dieser guten Regel abweiche. Weil ich überzeugt bin, dass der Bundestag vor einer historischen Entscheidung von unabsehbaren Folgen steht, glaube ich, das tun zu müssen.*

Das Auftreten in der Paulskirche im Januar 1955 beendete die bis dahin öffentlich demonstrierte politische Neutralität Gollwitzers. Seine Nähe zur SPD ließ sich nicht mehr verleugnen, hatte er sich doch schon im Herbst 1954 mit SPD-Spitzenpolitikern zur Vorbereitung der Widerstandsaktion getroffen; zudem war bekannt geworden, dass er Gustav Heinemann darin bestärkt hatte, seine GVP aufzulösen und mit möglichst vielen Mitgliedern der SPD beizutreten. Er selbst ist der SPD niemals beigetreten, obgleich er das erwogen hatte. Später, so erinnerte er sich, sei er darüber froh gewesen – zu sehr hätte sich die SPD von der politischen Linie entfernt, die sie einmal vertreten habe.

Auch innerkirchlich geriet Gollwitzer immer stärker in die Position eines scharfen Kritikers des offiziellen Kurses. Zur offenen Auseinandersetzung kam es im Jahr 1957, als sich die Synode der Evangelischen Kirche in Deutschland weigerte, die Atombewaffnung zu verurteilen und damit hinter ihren Beschluss aus dem Jahr 1956 zurückfiel. Damals hatte sie erklärt, „das Evangelium verwehrt uns, mit der Wissenschaft Götzendienst zu treiben, ihrem Fortschritt Menschen zu opfern und sie zur Herstellung von Massenvernichtungsmitteln zu missbrauchen, die durch einen Zweck geheiligt werden können". Nun endeten die Beratungen in einem lauen Appell, „die Bemühungen um ein allgemeines Verbot der Massenvernichtungswaffen mit Nachdruck fortzusetzen" und „noch ernster als bisher für ein friedvolles Zusammenwirken der Völker zu beten und zu wirken". Gollwitzer nannte diese Erklärung abschätzig *blamabel*, vor allem auch deshalb, weil sie weit hinter dem zurückblieb, was wenige Wochen später achtzehn deutsche Atomphysiker im „Göttinger Appell" erklärt hatten.

Beschämend für die christlichen Kirchen empfand Gollwitzer, dass hier Menschen, die nicht unbedingt aus christlichen Motiven handeln, christlicher denken und handeln als es die deutschen Kirchen tun. Sein Urteil lässt an Klarheit nichts zu wünschen übrig: Atomrüstung sei ein *Mittel der verzweifelten Gottlosigkeit*, für einen Christen gebe es nur eine Entscheidung: *Wenn auch alle, dann ich jedenfalls nicht! – das ist es, was ein Christ, wenn es denn so steht – und ganz sicher steht es so! – in der Frage der Teilnahme an dieser obrigkeitlich betriebenen Massenmordvorbereitung zu sagen hat.*

Damit waren die Weichen für den politischen und den kirchenpolitischen Weg Gollwitzers gestellt: Er würde stets in Opposition bleiben – zur offiziellen Politik wie zum offiziellen Kirchenkurs.

Siebtes Kapitel
Forderungen der Freiheit

❖

Wir werden an unvernünftig hohen Maßstäben gemessen.

❖

Israel, eine Entdeckung

Am 13. Februar 1964 ereignet sich in der Johannes-Gutenberg-Universität ein denkwürdiger Vorfall. Eigentlich war ein klassischer theologischer Disput geplant. Der Mainzer Neutestamentler Herbert Braun trat gegen den Berliner Systematiker Helmut Gollwitzer an. Thema war die sogenannte „Entmythologisierung" biblischer Texte, jenes Programm, das der Bibelwissenschaftler Rudolf Bultmann fast dreißig Jahre zuvor entwickelt hatte. Braun vertrat die daraus entwickelte Position der „existentialen Interpretation", das heißt: Eine biblische Aussage musste darauf reduziert werden, was sie über alle geschichtlichen Entwicklungen hinweg für die Existenz jedes einzelnen Menschen bedeutet.

Gollwitzer war anderer Meinung. Ihn störte vor allem, dass der große Reichtum biblischer Erzählungen verloren gehe und vor allem, dass die gesellschaftliche, ja revolutionäre Botschaft des Evangeliums aufgegeben werde, man tue so, als gehe es nur um das einzelne Individuum und dessen Betroffenheit.

Mitten in der sehr gelehrten Diskussion platzte Gollwitzer der Kragen, er sprang auf und schrie sein Gegenüber an: *Ihre Auslegung ist entsetzlich!* Braun hatte eine Aussage Jesu aus dem Evangelium des Johannes angesprochen, in dem er in einer Diskussion mit den Pharisäern sagte: „Ihr habt den Teufel zum Vater!" Sinngemäß sagte er: Das sei eine Aussage, die aus der Zeit zu verstehen und darum zu vernachlässigen sei, sie betreffe uns nicht existentiell. Das sei ignorant, erregte sich Gollwitzer, verkleistere die Verantwortung der Christen für die Judenmorde in der Kirchengeschichte und die Gräuel der Nazizeit. Eine gütliche Einigung war nicht möglich.

Es war gerade erst sechs Jahre her, dass Gollwitzer das Thema Juden und Israel als leidenschaftliches Thema der Theologie entdeckt hatte. Im Frühjahr 1958 hatte er gemeinsam mit seiner Frau Brigitte und deren Eltern, Adolf und Elsa Freudenberg, Israel besucht. Es war der erste in einer langen Reihe von Besuchen. Für ihn löste die Reise eine grundlegende theologische Einsicht aus, für seine Frau eine überraschende Erfahrung, die besondere Folgen haben sollte. Sie habe dort kapiert, „dass ich eigentlich Jüdin bin", erzählte sie in einem Gespräch im Jahr 1982. Ihre Mutter und sie seien auf Schritt und Tritt angesprochen worden: „Ihr seid doch Juden. Denn wer von einer jüdischen Mutter abstammt, ist Jude!" Ihre Liebe zu Israel war erwacht, zum ersten mal habe sie entdeckt, dass „neben dem Christsein noch etwas anderes sein könnte", sie erlebte ein Land, in dem sie frei atmen und frei diskutieren konnte, das tolerant war – anders als Deutschland, in dem sie immer eine gewisse Enge verspürte. Gollwitzer erinnerte sich später, wie tief sie für Israel empfand: *Ich erleichterte ihr die Rückkehr nach Deutschland, indem ich ihr versprach, mindestens alle zwei Jahre eine Israelreise zu machen.* Fünf Jahre nach ihrem ersten Besuch in Israel wollte sie eigentlich in Israel bleiben – ihr Mann konnte sie nur mit Mühe davon überzeugen, dass ihr Platz in Deutschland sei. Ihr Engagement in der „Aktion Sühnezeichen" verdankt sich diesem ersten Eindruck von Israel.

Für ihren Mann führte die Erfahrung Israels zu einer politischen und theologischen Wende. Sie deutet sich an, als er am 10. Mai 1958 im Auditorium Maximum der Freien Universität Berlin anlässlich des zehnten Staatsgründungstages über seine Reiseerfahrungen berichtete. Er erzählte zunächst unverhohlen begeistert über die Aufbruchstimmung unter den jungen Menschen in Israel. Mit welcher Begeisterung sie das ehemals versteppte Land in einen blühenden Garten verwandelt hätten. Er fühlte sich erinnert an seine eigene Aufbruchstimmung in der Jugendbewegung: *Das Bekenntnis zum einfachen Leben ist dort nicht – wie bei Ernst Wiechert – Flucht aus der Wirklichkeit, sondern gerade kräftiges Ergreifen und Gestalten der Wirklichkeit.* Die politische Einsicht, die aus diesem Wahrnehmen erwächst: Volk und Land gehören zusammen. Gollwitzer war einer der ersten, die in der Bundesrepublik öffentlich ihre Stimme für Israel erhoben. Er sah als *politisches Prinzip: die Verantwortlichkeit der Menschheit im Westen und im Osten für die Erhaltung des Staates Israel.* Gollwitzer widersprach mit dieser Aussage deutlich der damaligen Politik der Bundesregierung. Die Regierung Adenauer lavierte auf einem Zick-Zack-Kurs zwischen der Aufnahme diplomatischer Beziehungen zu Israel und einem deutlichen politischen Wohlwollen gegenüber den arabischen Staaten. Gollwitzer brandmarkte diese Haltung als nicht nur intellektuelles, sondern auch moralisches Versagen. *Der Skandal besteht darin, dass nicht die Überlebenden des Volkes der Ermordeten zögern, zum Volk der Mörder normale Beziehungen aufzunehmen, sondern dass die Überlebenden des Volkes der Mörder zögern, ihre Beziehungen zu den Überlebenden des Mordes zu normalisieren.* Das entschiedene Eintreten für Israel bedeutete freilich niemals, dass er sich Kritik an der aktuellen israelischen Politik verbot. *Die Jüdischkeit des neuen Staates* müsse sich erweisen *an der beharrlichen Bemühung um das friedliche – und d.h. gleichberechtigte – Zusammenleben mit den Arabern innerhalb Israels und den arabischen Nachbarn.*

Diese entschiedene Haltung brachte Gollwitzer gelegentlich in Schwierigkeiten – in Israel, wo er 1977 fast einen Skandal auslöste, weil er bei einem Vortrag in Beersheva heftig wegen dieser Äußerung angegriffen worden war: Wie er sich erlauben könne, in solcher christlicher Überheblichkeit über die Politik Israels zu urteilen. Angegriffen wurde er wegen seiner offenen politischen Bejahung Israels Ende der 60er Jahre von den „linken" Studentengruppen, die in Israel einen Vortrupp des Kapitalismus im Nahen Osten sahen und die Palästinenser als die „Juden der Gegenwart" bezeichneten.

Die Wende im Denken Gollwitzers hat aber auch eine grundsätzliche theologische Bedeutung. Der Deutsche Evangelische Kirchentag in München gibt ihm 1959 die Gelegenheit, diese Wende darzustellen. Gollwitzer knüpft an seine Erfahrungen des Antisemitismus an, wendet sich aber sofort der christlichen Tradition als dessen Verursacher zu: *Der rassische Antisemitismus hat seine Vorgeschichte, seine Vorbereitung und seine immer wieder neue Ermöglichung im christlichen Antisemitismus.* Freilich hat gerade der radikale Antisemitismus in der Nazizeit das Christentum verzerrt: *Indem der rassische Antisemitismus von uns verlangt hat, das jüdische Erbe aus dem Christentum auszuscheiden, hat er uns gezeigt, dass man Christ nur sein kann in unlöslicher Verbundenheit mit Israel und dass man, um Antisemit sein zu können, mit dem Christentum brechen muss. Christlicher Antisemitismus ist ein Widerspruch in sich.*

Auf dem Kirchentag selbst nennt Gollwitzer Möglichkeiten, wie die Kirchen den tiefsitzenden Vorurteilen gegenüber Juden entgegentreten können: durch das Einführen sonntäglicher Bittgebete für Israel, durch Unterstützen der Projekte der „Aktion Sühnezeichen" und „Bäume spenden für Israel" und schließlich durch Unterstützung der in Deutschland noch lebenden etwa 30 000 jüdischen Menschen.

Aber auch für den Kirchentag selbst hat das Auftreten Gollwitzers Konsequenzen: Gemeinsam mit Adolf Freudenberg, dem Berliner Soziologen Dietrich Goldschmidt, Günther Harder und anderen setzt er sich beim Präsidium des Deutschen Evangelischen Kirchentages dafür ein, eine „Arbeitsgemeinschaft Juden und Christen" ins Leben zu rufen. Zwei Jahre später, beim Kirchentag 1961 in Berlin, bot die Initiative bereits ein Drei-Tage-Programm an, das ein starkes Echo, allerdings auch viel Widerspruch erntete, das aber rasch zu einem Zentrum der jüdisch-christlichen Gespräche wurde.

Berlin und Basel

Als der Kirchentag in Berlin stattfand, war Gollwitzer längst prominenter Professor an der Freien Universität. 1956 schon hatte ihn die 1948 gegründete Universität auf einen Lehrstuhl im Fachbereich Philosophie und Sozialwissenschaften berufen, die Studenten in Bonn hatten mit einem Fackelzug den Abschied aus Bonn verhindern wollen, aber ein Jahr später war sein Entschluss endgültig. Zum Wintersemester 1958/59 zog er nach Berlin. Sehr zugeredet hatte ihm wohl seine Frau, die ja vor dem Krieg in Dahlem ihre kirchliche Heimat gefunden hatte. Energisch abgeraten dagegen hatte ihm sein Lehrer Karl Barth, der mahnte, „er wolle doch nicht im Ernst seine Kräfte an diese ‚amerikanische Gründung' des Kalten Krieges verschwenden". Angezogen hat Gollwitzer weniger die „amerikanische Gründung" als vielmehr die Aussicht, in einem „offenen Haus der Wissenschaften" ohne theologische Fakultät, aber in engem Austausch mit Kollegen aus anderen Wissenschaftsbereichen zu lehren. Er empfand dieses Umfeld schöpferisch, weil Theologie sehr anders und sehr viel kritischer nachgefragt würde – was auch für die Studierenden einen großen Vorteil bedeute. Denn, so argumentierte Gollwitzer, die *Ausrüstung der Pfarrer durch theologische Fakultäten* sei eher ein Nachteil, überdies halte er die gegenwärtige Pfarrerexistenz ohnehin für unmöglich: *Einmal deswegen, weil sie ein Ergebnis der alten Staatskirche ist, in der das Volk von den Wissenden und Beauftragten belehrt wurde, zum anderen, weil die rein theologische Ausbildung den Pfarrer herausnimmt aus den Fragen, unter denen die anderen Menschen leben.*

Dieses kritische Urteil über die Pfarrerexistenz hinderte Gollwitzer nicht, sich an der Theologenausbildung zu dieser Existenz wesentlich zu beteiligen. Es war wohl mehr als nur Nostalgie, dass er bei der Berufung nach Berlin eine einzige Bedingung gestellt hatte: Er wollte gleichzeitig an der Kirchlichen Hochschule in Berlin arbeiten, wo er schon während der illegalen Zeit des Instituts im Kirchenkampf als theologischer Lehrer gearbeitet hatte. Ein anderer Wunsch erfüllte sich fast von selbst: Oft predigte Gollwitzer in der St. Annen-Kirche in Berlin, der Predigtstätte, die ihm sonntags während der Zeit des Kirchenkampfes verschlossen geblieben war.

Die Predigten aus diesen ersten Berliner Jahren zeigen deutlicher, was er unter einer der gegenwärtigen politischen und gesellschaftlichen Diskussion aufgeschlossenen Theologie versteht: Sie ist immer zeitgebunden, sie reflektiert die Fragen und Probleme, die Krisen und Hoffnungen ihrer Gegenwart. Und sie muss gleichzeitig ihre gesellschaftlichen Folgen bedenken, denn sie ist ein aktueller Beitrag zur kirchenpolitischen und politischen Diskussion. In diesem Sinn versteht Gollwitzer seine Predigten als „politische", seine Theologie als eine „politische" – nicht in dem Sinn, dass sie parteipolitisch Stellung bezieht, sondern indem sie darauf achtet, wo sie ihre Anhänger gewinnt, sie muss selbstkritisch danach fragen, ob das, was sie aussagt, nicht missbraucht werden kann. Diese Selbstkritik zwingt zum ständigen Nachdenken über die eigene Stellung im geschichtlichen und gegenwärtigen Ort innerhalb der Kirche und der Gesellschaft. Ein Theologe hat, wenn er seinen Auftrag in der Gesellschaft und der Kirche verantwortungsvoll wahrnimmt, die gegenwärtigen Entwicklungen nicht bloß zu betrachten und zu kommentieren, sondern er muss sich in die aktuellen Auseinandersetzungen einmischen, nur dann erfüllt er, was die Apostelgeschichte im Neuen Testament von einem Christen erwartet: Nicht nur Zeugnis abzulegen, sondern „Zeuge zu sein".

Die Forderung nach einer *Theologie der Gesellschaft* hat Gollwitzer immer wieder den Vorwurf eingebracht, einseitig zu sein. Nicht nur innerhalb Deutschlands.

Im Sommer des Jahres 1961 entbrannte in der Schweiz eine heftige Diskussion um genau diese theologische Haltung. Es ging um die Nachfolge an der Baseler Universität für den Lehrstuhl von Karl Barth. Barth selbst hatte sich seinen Schüler Gollwitzer gut vorstellen können, und die Theologische Fakultät hatte mehrheitlich den Entschluss gefasst, Gollwitzer den Baseler Behörden als Nachfolger vorzuschlagen. Auch das Baseler Hochschulkuratorium hatte die Empfehlung akzeptiert und dem kantonalen Erziehungsrat – eine Behörde, die etwa einem deutschen Landesministerium für Unterricht und Erziehung vergleichbar ist – weitergeleitet. Doch dieser zögerte, wies den Vorschlag zur neuerlichen Überprüfung an das Kuratorium zurück. Der Grund dafür war die öffentliche Diskussion über die politische Haltung des Kandidaten. Die Zürcher Zeitung „Die Weltwoche" hatte einen Artikel veröffentlicht, den die Gollwitzer-freundliche Baseler Nationalzeitung als „abendländische Hetzjagd auf den ‚Kommunistenfreund' Gollwitzer" bezeichnete. Der Artikel der „Weltwoche" hatte Gollwitzer zwar theologische Qualitäten bescheinigt, hatte seine mutige Haltung gegenüber den Nationalsozialisten hervorgehoben, aber sie hatte ihm gleichzeitig vorgeworfen: „Auf den ihm zur Verfügung stehenden Instrumenten der Beredsamkeit, der Überzeugungsgabe und der Dialektik spielt er Fortissimo, wenn es darum geht, die Nachtseiten des Westens aufzuzeigen, aber Pianissimo, wenn die Schwärzen des Sowjetsystems zum Tönen kommen." Der Schweizer Nationalrat Peter Dürrenmatt beschuldigte Gollwitzer öffentlich des „weichen Kurses gegenüber dem Bolschewismus", der „politischen Fragwürdigkeit" und der „Germanozentritis".

Auch die renommierte „Zürcher Zeitung" warnte vor Gollwitzer, das „Echo der Zeit" entrüstete sich: „Mit seinen geradezu heimtückischen Attacken gegen die Bundeswehr in seiner Formulierung ‚Wieder geht von Deutschland ... Gefahr für den Frieden aus' solidarisiert sich Gollwitzer wortgetreu mit den Anlagereden des Kremls."

Die „Basler Nationalzeitung" dagegen war von „Helmut Gollwitzer, dem Unbequemen" angetan. Sie lobte: „Ein radikaler Christ, der findet, Christus sei nicht am Kreuze gestorben, um politischen Parteien des 20. Jahrhunderts als Maskotte im Wahlkampf zu dienen" – ein Anspielung auf die Auseinandersetzung, die Gollwitzer ausgelöst hatte, als er der CDU vorgeworfen hatte, das „C" in ihrem Namen zu Unrecht zu führen und lediglich als Deckmäntelchen für eine pseudochristliche Politik zu gebrauchen.

Die Theologische Fachschaft und die Theologiestudenten Basels fassten eine Resolution ab, in der sie Gollwitzer mit dem griechischen Philosophen Sokrates verglichen, der den Schierlingsbecher hatte trinken müssen: „Es besteht ebenso wenig Grund wie damals in Athen, der Jugend einen Sokrates zu nehmen, mit dem Argument, er könne sie verführen."

Gollwitzer wurde nicht berufen, der Regierungsrat des Kantons Basel entschied sich für den Theologen Heinrich Ott, ein Gollwitzerfreund aus Universitätskreisen war nicht überrascht: „Ein Gelehrter, der einmal als ‚Prokommunist' verdächtigt worden ist, kann vor dem breiten Publikum nur schwer verteidigt werden, auch wenn der Vorwurf aus der

Luft gegriffen ist, weil wir in einer politisch vergifteten Luft leben." Gollwitzer selbst war von der Ablehnung nicht besonders getroffen. Als er Freunde aus dem „Arbeitskreis Juden und Christen", die gemeinsam mit ihm Veranstaltungen für den Kirchentag im Juli 1961 in Berlin planten, danach fragte, ob er gegebenenfalls den Ruf annehmen solle, rieten diese ihm ab. Der Präses der rheinischen Kirche, Joachim Beckmann, prophezeite, er werde in Basel bestenfalls eine neue Dogmatik schreiben – so wie andere. In Berlin aber „bist du unersetzlich als Theologe, der die christliche Stimme innerhalb und außerhalb der Universität unüberhörbar zur Geltung bringt und sich in die öffentlichen Angelegenheiten einmischt". Als die Absage dann kam, reagierte Gollwitzer gelassen. *So wurde ich davor bewahrt, Professorentheologie für Theologieprofessoren zu schreiben.* Karl Barth hingegen war entrüstet: „Ich verhülle mein Haupt und schäme mich der Vaterstadt, der Schweiz und der angeblich freien Welt."

Nun taugt der Vorwurf, Gollwitzer sei auf dem linken Auge blind, keineswegs dazu, eine Berufung auf einen theologischen Lehrstuhl unmöglich zu machen – aber traf er nicht auch zu?

Sozialismus und Christentum

Fast genau ein Jahr zuvor, am 16. Juni 1960, hatte Gollwitzer in Ost-Berlin in Weißensee bei der Tagung der kirchlichen Bruderschaften einen Vortrag gehalten, der einen heftigen Streit in der Bundesrepublik ausgelöst hatte. Thema des Vortrags: *Die Gestalt des Lobes Gottes in der politischen Welt der Bundesrepublik.* Gollwitzer vertrat darin die doppelte These, dass weder Westen noch Osten die selbstgesetzten Ziele erreicht hätten. *Die Vollbeschäftigung, so erfreulich sie ist, lähmt das Interesse für eine Umgestaltung der Wirtschaft in Rich-*

tung auf ihre Demokratisierung, auf die Mitverantwortung der Arbeitnehmer. Konkret heißt das: Der wirtschaftliche Neoliberalismus führt in der Bundesrepublik zu einem Materialismus, der die Freiheit bedroht. Dem sollten sich Christen nicht unterordnen.

Aber auch im Osten seien die Vorstellungen einer besseren Gesellschaft gescheitert: *Der Eindruck, dass auch die sozialistische Umgestaltung die sog. Entfremdung des Menschen in der industriellen Arbeit nicht zu beheben vermag, lähmt die Frage nach einer den arbeitenden Menschen innerlich beteiligenden Betriebsverfassung, die einmal hinter dem Sozialismus stand.* Konkret: Mit der „Freiheit" sei es an beiden Fronten des Kalten Krieges nicht sonderlich gut bestellt.

Es ist klar, dass die Drohung mit einem Atomkrieg die bedrohte Freiheit nicht retten könnte. Sie speist sich aus anderen Quellen, sie ist eine „innere" Freiheit, verheißen von Gott. Aus dieser Sicht kritisiert Gollwitzer die gegenwärtige bundesdeutsche Politik: *So muss alle Politik heute und erst recht deutsche Politik fragen: Was muss getan werden, damit wir alles getan haben, um den Ernstfall des Krieges zu verhindern? Es ist nicht zu erkennen, dass dies der Leitgedanke ist, von dem alle unsere maßgebenden Politiker erfüllt sind.*

Gollwitzer spitzt diese Kritik allerdings noch auf besondere Weise zu, indem er danach fragt, ob dieser Leitgedanke wenigstens die Kirchen und die Christen in der Bundesrepublik erfüllt. *Wo ist gegen diese Katastrophenursachen von seiten der christlichen Gemeinde eine kräftige Gegenbewegung erfolgt, spontan und stark als Antwort auf die gehörte, freimachende Verkündigung die ganze Gemeinde erfassend? Jeder Blick in die politische Wochenbetrachtung eines beliebigen Sonntagsblattes zeigt, wie es statt dessen steht. Mit der Formel von der ‚Christenheit zwischen zwei Übeln' setzt man zwei in Wahrheit unvergleichbare Übel – ein diktatorisches System und den Atomuntergang – einander gleich und hat sich damit schon unfähig gemacht, Wirklichkeit und Forderung der gegenwärtigen Stunde*

unvernebelt zu erkennen, hat sich statt dessen schon mitschuldig an der Bagatellisierung der Gefahr und an der selbstmörderischen Idiotie des Wettrüstens gemacht.
Der Vorwurf, die bundesdeutsche Regierung habe den Leitgedanken des Friedens aufgegeben, führte zu einem heftigen Disput mit dem Bundestagspräsidenten Eugen Gerstenmaier (CDU) über die Benutzung des Prädikats „christlich" durch die CDU. Gollwitzer blieb unerschütterlich: *Vom evangelischen Verständnis des Christentums her ist diese Namensgebung und das sich in ihr ausdrückende Selbstverständnis indiskutabel.* Die CDU habe *die Verschleuderung des christlichen Namens* betrieben, zur *inneren Verwahrlosung der Deutschen beigetragen* und so die Katastrophe Deutschlands perfekt gemacht.

Die klare Absage Gollwitzers an den Kalten Krieg und das Beharren auf einer christlichen Freiheit jenseits der Frontenbildung und des Antikommunismus haben ihn, den Antikommunisten, in der konservativen Öffentlichkeit der Bundesrepublik zum „Kommunistenfreund" werden lassen.

Hinzu kam, dass Gollwitzer ein Jahr zuvor, 1959, auf der 2. Christlichen Friedenskonferenz in Prag eines der Hauptreferate übernommen hatte, „Krieg und Christentum". Diese ökumenische Bewegung war 1958 gegründet worden als Versuch, die Kirchen der Erde zusammenzubringen, damit sie als „Gewissen der Welt" die Völker aus der fadenscheinigen Sicherheit der atomaren Abschreckung wachrütteln und Möglichkeiten des Friedens eröffnen könnten. Die Konferenz brachte Vertreter fast aller Kirchen aus den sozialistischen Ländern – mit Ausnahme der orthodoxen Kirchen – zusammen, den Anstoß hatten Professoren der protestantischen Theologischen Fakultät der Universität Prag gegeben. Allein das Auftreten Gollwitzers machte wieder Schlagzeilen in der bundesdeutschen Presse. Und das, obgleich Gollwitzer – mit viel Beifall der Versammlung empfangen – viele Erwartungen enttäuscht hatte. Enttäuscht waren, so berichtet Teilnehmer Reinhard Tietz, alle prinzipiellen Pazifisten, die ein Nein zu jedem Krieg erwartet hatten. Enttäuscht aber waren auch die, die sich einen mitreißenden, dramatischen Friedensappell versprochen hatten. Gollwitzer erläuterte ausführlich, wie sich Christen und Krieg in den vergangenen 1900 Jahren zueinander verhalten hatten, er stellte dar, was die Reich-Gottes-Botschaft dem christlichen Denken und Handeln mit auf den Weg gibt und was heute die Aufgaben der Kirche sein müssten. Das war keine politische Propagandarede, vielmehr ein Ernstnehmen der christlichen Gemeinschaft und ihrer Fähigkeit zur Selbstvergewisserung.

Diese streng theologische Orientierung enttäuschte zwar viele, Gollwitzer befand sich mit seinem Vortrag zwischen allen Stühlen. Doch brachte gerade diese Haltung die Diskussion in der Christlichen Friedenskonferenz deutlich voran, verhinderte falsche Frontenstellungen und half mit, dass in der Tschechoslowakei ein vorher nicht vorstellbarer Dialog zwischen Marxisten und Christen in Gang kam und dass Ansätze für einen „Sozialismus mit menschlicherem Gesicht" erarbeitet wurden, die schließlich zum „Prager Frühling" führten.

Als am 13. August 1961 in Berlin die Mauer gebaut wurde, sah er dies als *lange gefürchtet und dann doch hereinbrechend wie ein unvermutetes Unglück*. Für die Kirche wie für das ganze Volk hätte es ein Tag der Aufrüttelung, des Stillestehens, der Überprüfung sein müssen. *Viel bequemer ist es, alle Schuld bei den östlichen Erbauern der Berliner Mauer zu suchen und das Weltgewissen wegen dieser Unmenschlichkeiten anzurufen – das gleiche Weltgewissen, als dessen Teil man selbst bei ähnlichen und härteren Maßnahmen, etwa in Algerien und Angola, gänzlich unberührt geblieben war.* Die Mauer sei die sichtbare Folge der Mauer, die schon 1955 durch die Unterschrift unter die Pariser Verträge gesetzt worden war. Der Mauerbau müsse von der evangelischen Kirche als

Gericht angesehen werden, das uns sagt, dass unsere Bemühungen nicht energisch und frei und genugsam aus dem Glauben geboren waren, dass wir alle weit hinter der Aufgabe zurückgeblieben sind.

War Gollwitzer Sozialist oder Marxist?

Es wird nicht gelingen, ihn in eine dieser Schubladen einzupassen. Er selbst hat in einem Aufsatz die Frage nach der Vereinbarkeit von Christentum und Sozialismus so beantwortet: *Sozialisten können Christen sein* und *Christen müssen Sozialisten sein*. Dies kann nicht im Sinn einer politischen Rechts-Links-Ideologie ausgelegt werden. Peter Winzeler, reformierter Gemeindepfarrer in Bern, ein guter Freund und Weggenosse Gollwitzers, hat dieses „Müssen" treffend beschrieben: „Wer vom Evangelium weiß, kann gerade dem kategorischen Imperativ des Marktes nicht mehr folgen: Du musst leisten, du musst ausgrenzen, auskonkurrieren, totrüsten, du musst töten, du musst Schulden eintreiben, denn Schulden müssen auf Tod oder Leben eingetrieben werden." An die Stelle der rücksichtslosen Verdrängung vom Markt muss das gerechte Teilen der Ressourcen und die Teilhabe aller treten.

Dass dies eine Vision ist, war ihm immer deutlich. Er hasste es, diese Vision instrumentalisiert zu sehen, sie lediglich dazu benutzt zu wissen, der einen Seite, der „linken", Beruhigung zu verschaffen, der anderen Seite dagegen das Christsein abzusprechen. Diese Art des Schablonendenkens hat er immer verabscheut. Vielleicht ist das Votum des Professors für Philosophie an der Freien Universität und Herausgebers des „Argument", Wolfgang Fritz Haug, der Anfang der 70er Jahre zur „linken Studentenbewegung" gehörte, ein beredtes Zeugnis für das lebendige Interesse Gollwitzers an den Menschen, nicht an Ideologien: „Wann kamen wir zu Helmut Gollwitzer? Immer wenn uns der Wunsch trieb, er möge für uns sprechen, weil er die Worte fand, die zu den Herzen der Menschen reden, während wir oft nur über Sachen zu sprechen scheinen ... Die Gabe des Wortes, wovor Verletzungen, das Nachtragen, vielleicht sogar der Hass kleiner werden, war ihm wie wenigen gegeben ... Er verkörperte eine lebendige Alternative zur Seelenlosigkeit der ‚Moderne' ... und unter immer wieder neuen Umständen trug er dazu bei, der Gegenwart die Vergangenheit zuzuführen und ihr Lust auf eine andere Zukunft zu machen." Allerdings gab es im theologischen Denken Gollwitzers eine Wende, die ihn die Beziehungen zwischen Sozialismus und Christentum aus einer neuen Sicht beschreiben ließ.

Achtes Kapitel
Krummes Holz, aufrechter Gang

❖

*Nichts ist gleichgültig.
Ich bin nicht gleichgültig.*

❖

Die unruhigen Studenten

Berlin, Sommersemester 1966. Die Evangelische Studentengemeinde hatte Gollwitzer eingeladen, er solle den Studierenden doch einmal einen Abend lang etwas über Marxismus und Christentum erzählen. Gollwitzer dachte, so erinnerte er sich später, *das kann ich im Schlaf, da brauchst du dich nicht vorzubereiten!* Pflichtbewusst setzte er sich dennoch einen Vormittag lang hin. Und auf einmal wurde ihm klar: *Den alten Käse kannst du nicht mehr sagen, der war zwar nicht falsch, aber andere Dinge sind wichtiger!*

Welches aber waren die anderen Dinge? Das Neue, was Gollwitzer langsam bewusst wurde, wurde in jenem Vortrag vor der Studentengemeinde noch nicht so richtig deutlich. Vorher habe er dem Marxismus immer vorgeworfen, sein größter Fehler sei sein Messianismus. Ein irriger Gedanke, habe er erkannt. Umgekehrt werde ein Schuh daraus. Und so habe er einen Abend darüber gesprochen, dass die Christen verantwortlich seien für den Messianismus, den sie in die Welt gebracht hätten. Diese neue Sicht war keine einfache Schuldverschiebung, als könne man dem Christentum seine Vision vom Reich Gottes und die Hoffnung auf dessen Kommen vorhalten. Davon lebt der Glaube ja. Vorhalten könne man der Theologie dagegen, dass sie sich nicht auf die realen Probleme der gegenwärtigen Gesellschaft einlasse, dass sie für deren Änderung lediglich ein paar sozialethische Forderungen aufstelle und dann erkläre: Hier endet die Kompetenz der Theologen. Diese Selbstbescheidung sei nicht, was sie scheine, in Wahrheit stehlen sich die Theologen aus der Verantwortung für die Gesellschaft, in die sie gestellt seien. *Ich entdeckte, dass die Theologie, der ich mich verschrieben hatte, ein Produkt der gesellschaftlichen Arbeitsteilung war, und ich bin in den letzten Jahren meines Lebens in die Situation eines Christen gekommen, der wie Sie oder irgendein anderer am Abend ab und zu ein paar theologische Bücher noch lesen kann, im übrigen aber sein Christsein bewähren muss in seinem weltlichen Beruf. Theologie ist nötig, aber sie ist nicht alles, sie ist nur eine Hilfswissenschaft.*

Die traditionelle Universitätstheologie verlor für Gollwitzer an Interesse. Ihm ging es immer stärker darum, wie sich das Christentum in den gegenwärtigen gesellschaftlichen und politischen Konflikten bewähren könne. Diese neue Sicht der Theologie, diese praktische politische Orientierung eines „glaubenden Menschen", bedeutete für Gollwitzer nicht, dass er Distanz zur Kirche eingenommen hätte. Er predigte wie bisher, trat auf Kongressen und Kirchentagen auf. Aber zugleich machte er immer deutlicher: Das Evangelium hat eine Tendenz auf den Sozialismus und dessen Ziele einer gerechteren, humaneren Gesellschaft hin. Aber die Frage, wie die Dinge sich in Richtung auf die bessere Gesellschaft hin entwickeln ließen, war keine Frage des Glaubens, sondern eine Frage der Vernunft. Das Evangelium stellt darum den Menschen nicht in den Dienst einer sozialistischen Partei, es fragt vielmehr ständig nach, ob das politische Agieren tatsächlich in Richtung einer besseren Gesellschaft weist.

Vermutlich war gerade diese theologische Wende mitverantwortlich dafür, dass Gollwitzer die Studentenunruhen der späten 60er Jahre mit großer Sympathie erlebte. Ihm waren die aggressiven Begriffe wie Klassenkampf, Revolution, Bürgertum, Sozialismus, Establishment geläufig; endlich einmal, so schrieb der damals fast Sechzigjährige in einem Aufsatz, bewege sich eine junge deutsche Generation politisch nicht in Richtung auf Nationalismus und militärischen Drill, sondern denke *weltoffen, demokratisch und in einer mich immer wieder neu bewegenden Weise humanitär*. Zwar war er wie viele andere entsetzt darüber, dass die Demonstrationen die Berliner Straßen in ein Meer von roten Fahnen tauchten, das schien ihm völlig *untaktisch*, auch war er ganz erschrocken, als *sie mit sozialistischen Phrasen anfingen* – aber nicht etwa deshalb, weil er die Begrifflichkeit insgesamt für falsch hielt, sondern *weil ich dachte, da schrecken sie dann einen großen Teil ab, die keine Lust hatten, Sozialisten zu werden*. Und schließlich fand er die begleitende sexuelle Revolution *furchtbar, ich war entsetzt!*

Was viele Professoren damals verurteilten, die Forderung nach einer radikalen Reform der Studiengänge, die „Go-Ins", das Sprengen von Lehrveranstaltungen – für Gollwitzer war das keine Hürde. Und zwar nicht aus Opportunismus. *Wir Älteren haben an uns strengere Anforderungen zu stellen als an die Jüngeren. Von uns, nicht von ihnen, haben wir zuerst Verstehen und unermüdliche Geduld zu verlangen; sie haben wir zugleich als gleichberechtigte Partner und als unerfahrene Jugend anzusehen.*

Als sein Seminar im Sommer 1968 fast einstimmig beschloss, sich einer Resolution des Germanistischen Seminars anzuschließen, die gegen ein Disziplinarverfahren gegen 14 Studenten protestierte, und die Lehrveranstaltungen zu bestreiken, stimmte Gollwitzer zu – allerdings bestand er darauf, anstelle der angekündigten Lehrveranstaltung über die aktuelle Situation zu diskutieren. *Meine Bedingungen waren allen klar: Es muss sich um klare Mehrheitsbeschlüsse handeln, und es darf niemandem die Freiheit, etwas anderes zu tun, durch Zwang genommen werden.* Gollwitzers Verhalten erregte das Aufsehen der Politiker, der Innensenator Heinrich Lummer fand seine Zustimmung zum Streik „befremdlich", es gab deswegen sogar eine Anfrage im Senat.

Wolfgang Lefèvre, einer der herausragenden „Linken", später Professor für Philosophie an der Freien Universität in Berlin, erinnerte sich in einem Beitrag zum 70. Geburtstag von Gollwitzer: „Sie gehörten zu den wenigen, die nicht umgefallen waren, die nicht vergaßen, dass die Sache, um die es ging, auch dann unerledigt und also weiterhin Gegenstand der Anstrengung bleibt, wenn untauglich für sie gekämpft worden war, – bei solchen Gelegenheiten also verständigten wir uns über Ihre Standfestigkeit mit einer Wendung, die von uns Religionslosen keineswegs spöttisch gemeint war: ‚Kunststück, Gollwitzer weiß eben, dass er in Gottes Hand ist.'"

Auch die Kirchen wurden von den Unruhen ergriffen. Während des Mitternachtsgottesdienstes am Heiligen Abend 1967 hatten Studenten vor der Kaiser-Wilhelm-Gedächtniskirche demonstriert. Auf großen Plakaten konfrontierten sie die Gottesdienstbesucher mit den Folterungen und Erschießungen von Zivilisten in Vietnam. Als einige später in die Kirche eindrangen, um den erregten Besuchern zu erklären, was sie mit ihrer Aktion bezweckten, wurden sie mit brachialer Gewalt aus dem Gottesdienstraum vertrieben – ein Skandal, klagte Gollwitzer: *Und von einem Kirchenbesucher ist einer der Studenten mit einem Spazierstock so zusammengeschlagen worden, dass er dann blutüberströmt draußen erschien – und dies unter der Zustimmung vieler Kirchenbesucher in der Weihnachtsnacht!*

Der Verletzte war Rudi Dutschke – einer der führenden „Ideologen" der Studentenunruhen und zugleich einer, der mit vielen anderen Köpfen der Studentenunruhen im Hause Gollwitzer in der Nebingerstraße 11 in Berlin-Dahlem ein- und ausging. Vier Jahre lang wohnte der Student der Politikwissenschaften, Jürgen Treulieb, mit im Haus als Untermieter, Brigitte und Helmut Gollwitzer nahmen weitere Studenten auf, das Haus verwandelte sich langsam in eine Wohngemeinschaft. Dabei war Brigitte wohl die treibende Kraft; sie veranlasste auch, dass Christa Ohnesorg mit Lukas, dem Patenkind Gollwitzers, nach dem Tod von Benno Ohnesorg am 2. Juni 1967 im Haus wohnen konnte. Das Zusammenleben im Haus änderte sich, zwar blieb es bei den regelmäßigen Frühstücksandachten, dem täglichen Tischgebet, bald aber regulierte ein „Hausrat" das Zusammenleben, in dem darüber diskutiert und festgelegt wurde, wie die Finanzierung und der Lebensstil geordnet werden sollten. Kein Wunder, dass auch Freundinnen und Freunde der Hausbewohner sich einfanden, gelegentlich wurden sogar Beratungen der Sprecher des Allgemeinen Studentenausschusses der Freien Universität und linker Studentengruppen im Haus abgehalten. Im Wintersemester 1967/68, als Brigitte und Helmut Gollwitzer eine mehrmonatige Vortragsreise in die USA unternahmen, wohnten auch Gretchen und Rudi Dutschke mit ihrem Sohn Hosea Che im Hause.

Mit Rudi Dutschke verband Gollwitzer eine besondere Freundschaft. Dutschke, 1961 aus der DDR in den Westen gekommen, stammte aus einem christlichen Elternhaus, er begegnete Gollwitzer (ohne dessen Wahrnehmung) zum ersten Mal 1962, in einem Gottesdienst. Die Predigt beeindruckte Dutschke, „denn die sozialethische Kritik der bestehenden Zustände war bei ihm mit dem Glaubensbekenntnis verbunden. Allerdings war über das Problem der Beziehung von Sozialismus und Christentum nichts zu hören."

Etwa fünf Jahre später trafen die beiden zum ersten Mal zusammen. Eine gegenseitige Sympathie verband die unterschiedlichen Charaktere. Dutschke empfand „Golli" als eines der „wenigen radikaldemokratischen Lichter in der Wüste der autoritären Professorenschaft". Gefestigt wurde die Bekanntschaft, als seine aus den USA stammende Frau

Gretchen Klotz bei Gollwitzer Theologie studierte. Gollwitzer seinerseits hielt Dutschke *tatsächlich neben den gescheiten jungen Leuten, die sich da zu Wort meldeten und auf die man hörte, für den Bedeutendsten, den besten Kopf!*. Das zweite, was Gollwitzer für Dutschke einnahm, war seine Menschlichkeit. Er hielt ihn für gewissenhaft, fleißig, für eine integre und homogene Persönlichkeit. Schleierhaft blieb ihm, warum ausgerechnet dieser Mann von vielen als fanatisch, als gewissenlos, ja geradezu als krank angesehen wurde. *Wo man doch sagen kann, er hat es am allerwenigsten verdient.*

Am Gründonnerstag, 11. April 1968, wurde Rudi Dutschke niedergeschossen; schwer sprach- und geistig beschädigt musste er ins Ausland gehen. Gollwitzer hielt weiterhin Verbindung zu ihm. Zunächst vermittelte er ihn nach England, als er dort ausgewiesen wurde, schrieb er sich mit ihm, und als er an den Spätfolgen des Attentats am Weihnachtstag 1979 in Dänemark gestorben war, beerdigte Gollwitzer ihn auf dem Friedhof der Dahlemer St.-Annen-Kirche.

Die beiden hat mancher Gedanke verbunden, ihre politischen Einschätzungen freilich differierten deutlich. Gollwitzer war und blieb der Vermittler, dachte stets in den christlichen Kategorien der Versöhnung – auch im politischen Rahmen. Dieser Gedanke blieb Dutschke fremd.

Gegen Gewalt

Unmittelbar nach dem Attentat auf Rudi Dutschke, am Ostersonntag 1968, gab es gewalttätige Auseinandersetzungen zwischen der Polizei und Demonstranten, über einhundert Protestler wurden in der Fasanenstraße festgenommen. Einen Tag später holten Demonstranten die Freigelassenen von der Polizeikaserne ab, wieder kam es zu handgreiflicher Gewalt. Anschließend versammelten sich viele in der Technischen Universität, heftig wurde darüber diskutiert, ob man sich mit Gewalt gegen die polizeilichen Übergriffe wehren sollte. Es zeichnete sich eine Tendenz zum „Ja" ab. Kurz vor Mitternacht ergriff Gollwitzer das Wort, erst wenige Stunden zuvor war er aus den USA zurückgekehrt. Einer der Teilnehmer berichtete: „Er hielt uns vor, was wir in den vergangenen Monaten für Aktionen durchgeführt hatten. Es seien Steine gegen Filialen der Springerpresse geschmettert und Türen der Philosophischen Fakultät eingetreten worden. Wie immer man diese Aktionen im einzelnen beurteile, so sei doch sehr auffällig, dass wir vor einem Schritt immer zurückgewichen seien: der Gewaltanwendung gegen Menschen. Und er möchte uns den guten Rat geben, bei dieser sehr wesentlichen Unterscheidung zu bleiben."

Knapp sieben Monate später, im November 1969, wurde dieses Tabu durchbrochen: Am Tegeler Weg im Norden Berlins kam es zu einer wüsten Steineschlacht gegen Polizisten. Zum ersten Mal gab es mehr verletzte Polizisten als Demonstranten. Bei einer Diskussion im Audimax der Freien Universität bezeichneten Vertreter des Sozialistischen Deutschen Studentenbundes (SDS) diese Aktion als Erfolg. Ein Vertreter des SDS sprach sogar von der „tendenziellen Zerschlagung des Staatsapparates" und wertete das Ereignis als „revolutionäre Aktion". Gollwitzer trat ans Mikrofon, erklärte, dass es lächerlich sei, die gegenwärtige Situation als „vorrevolutionär" oder „revolutionär" zu bezeichnen. Niemand, für den die Anwendung von Gewalt kein Problem sei, könne sich Sozialist nennen. Der Augenzeuge Jürgen Treulieb, damals Vorsitzender des Allgemeinen Studentenausschusses, zudem Sohn eines ehemaligen Kriegskameraden Gollwitzers, erinnerte sich: „Sehr erregt hielt er den Gewaltbefürwortern vor, dass nur für Faschisten Gewalt kein Problem sei. Für Christen wie für Sozialisten aber gelte, dass sie keine Situation heraufbeschwören dürften, die Menschenleben gefährde." Die Diskussion endete damals unentschieden. Immerhin zeichnete sich bereits die Spaltung des SDS ab – sie wurde eine der Weichenstellungen, die schließlich zum Entstehen von radikalen Gruppen wie der „Roten Armee Fraktion" und zur offenen Gewalt führten. Für Gollwitzer ein grauenhafter Irrweg. In der konservativen Presse wurde zu dieser Zeit häufig der Eindruck vermittelt, der Theologe verharmlose die gewalttätigen Ausbrüche bei Demonstrationen. Doch Gewalt als Weg einer politischen Veränderung hatte Gollwitzer stets als falsch verurteilt.

Das hat manche Gruppen und Parteien nicht daran gehindert, ihm zumindest Unschärfe oder Schweigen gegenüber bestimmten Gewaltanwendungen vorzuwerfen. Als er sich 1972 öffentlich gegen die Bombardierung Nordvietnams durch US-Flugzeuge wendet, wirft ihm die „Notgemeinschaft evangelischer Deutscher" vor, „den Gottesdienst in den Dienst für eine weltweite kommunistische Propaganda zu stellen", und zwar mit dem Ziel, „die Weltöffentlichkeit zu verwirren und den Widerstand der Nichtkommunisten gegen die Aggression der Nordvietnamesen zu schwächen". Naivität wird dem „APO-Theo" vorgeworfen, er sei ein „geistiger Vater von Aufstand und Gewalt", 1972 wird er gar in die Nähe der Terrorgruppe „Rote-Armee-Fraktion" gerückt. Als im Winter 1974 die Carl-von-Ossietzky-Medaille an Heinrich Böll und Helmut Gollwitzer verliehen wird, weigert sich die Westberliner CDU, am Empfang teilzunehmen. Heinrich Lummer, Fraktionsvorsitzender der CDU im Berliner Senat, erklärte als Grund: „Beide Männer gehören zu denen, die in unserem Land die Saat der Gewalt gepflegt und kultiviert haben, die jetzt ihre erschreckenden Blüten treibt."

Bestätigt schien dieses Urteil, als Gollwitzer am Grab von Ulrike Meinhof sprach. Er hatte die Terroristin im Januar 1959 bei einem studentischen Kongress gegen die Atombewaffnung der Bundeswehr in Berlin kennen gelernt und war mit ihr in loser Verbindung geblieben, bis sie mit der „Roten Armee Fraktion" in den Untergrund verschwand. Als sie im Gefängnis Köln-Ossendorf einsaß, besuchte Gollwitzer sie im August 1973. Nach ihrem Tod bat ihn 1976 eine Vorbereitungsgruppe, an ihrem Grab zu sprechen. Dass er dies einerseits als Christenpflicht sah, sich andererseits deutlich von Meinhofs Gewaltweg distanzierte, ging für viele in der allgemeinen Aufregung unter. Gollwitzer sprach zwar davon, dass er und Meinhof das gleiche Ziel gehabt hätten, nämlich *die Befreiung der Menschen von Unterdrückung und Ausbeutung,* doch *hat Ulrike Meinhof meine Haltung entschieden abgelehnt und ebenso habe ich ihren Weg abgelehnt.* Lauten Beifall und viele Buhrufe aber gab es, als Gollwitzer sagte: *Allen bürgerlichen und christlichen Leuten, die sie verdammen wegen ihrer Taten und wegen ihres Todes, sage ich: Dieses Kind Gottes Ulrike Meinhof ist – unabhängig von allem Richtigen und Falschen in ihrem Wollen und Tun – hinübergegangen in die Arme der ewigen Liebe.* Den Buhrufern schleuderte Gollwitzer nach einer Pause entgegen: *Gott sei Dank!*

Gott verheißt den Sinn des Lebens

„Das wohl schönste Buch zeitgenössischer Theologie" – so lobte der Journalist Robert Leicht in der „Zeit" das 1970 erschienene Buch „Krummes Holz – aufrechter Gang". Das Urteil vieler Fachtheologen war eher gebremst. Zwar verdiene die Verarbeitung von reicher zeitgenössischer Literatur große Anerkennung, man sehe auch das Bemühen, die „Sinnfrage als aktuelle theologische Diskussion zu etablieren", wie ein Kritiker schrieb, andererseits aber blieben die alten Bedenken bestehen. Man räumte zwar ein, dass Gollwitzer ein viel zu kluger Theologe sei, auch politisch zu gewandt, als dass er das Reich Gottes etwa mit der von Karl Marx propagierten klassenlosen Gesellschaft gleichsetze.

Doch: „Bei Gollwitzer besteht eine deutliche Nähe der Botschaft Jesu vom Reich Gottes zur sozialistischen Gesellschaftsordnung. Und da ist an vielen Stellen der Marxist Gollwitzer mit dem Theologen Gollwitzer durchgegangen."

Den Erfolg des Buches konnte solche Kritik nicht aufhalten. Rasch erreichte es zehn Auflagen, wurde in mehrere Sprachen übersetzt. An vielen deutschen Universitäten bildeten sich spontan Lesekreise, die begierig nach dem Buch griffen, in dem wie in keinem zweiten „die Botschaft des Evangeliums greifbar wird in Bezug auf die Erfahrung der Sinnlosigkeit gegenwärtigen Daseins". Gollwitzer habe das Evangelium als „Programm gegen den Nihilismus der Sinnlosigkeit" neu entdeckt, jubelte ein Kirchenjournalist.

Über mehrere Jahrzehnte hinweg habe Gollwitzer sich mit der Frage abgequält, wie das Evangelium und die Suche nach dem Sinn des Lebens miteinander in Beziehung stehen, erinnert sich sein Schüler und Freund Friedrich-Wilhelm Marquardt. In der Tat hat Gollwitzer schon 1964 die erste Vorlesung über dieses Thema gehalten, sie überarbeitet und 1968 zum zweiten Mal angeboten. Dann war das Thema reif für ein über 350 Seiten starkes Buch: *Ich habe es herumgetragen wie keine andere meiner Veröffentlichungen, wohl gerade wegen der eigenen Erfahrung, durch die die hier niedergelegten Formulierungen hindurchgegangen sind, empfinde ich sie mehr als früher Veröffentlichtes als unzulänglich*, bekennt er im Vorwort.

Das Buch schlägt einen anderen Ton an als den gewohnten. Das war ihm bewusst, *das Buch ist nicht ein wissenschaftliches für Wissenschaftler geworden. Ich erhoffe Verständlichkeit ohne Fachvoraussetzungen*, schrieb er 1970, als das Manuskript zum Druck vorbereitet war. Die Hauptursache für den neuen Ton war wohl Brigitte Gollwitzer, die unablässig darauf drang, dass die theologischen Fragen allgemein verständlich dargestellt wurden, die Gedanken übersichtlich sein sollten, durch Leitsätze eingeführt, in Thesenreihen erläutert – und schließlich: Endlich einmal ein Titel, der nicht „theologisch verschlüsselt" sei.

Die Erfahrungen der Studentenunruhen haben das Buch mitgeprägt. In einem Gespräch im Jahr 1989 hat Gollwitzer mir seine Absicht so beschrieben: *Ich wollte den jungen Menschen Mut machen. Selten ist einer Generation so zugemutet worden, pessimistisch in die Zukunft schauen zu müssen wie dieser. Die Unbotmäßigkeit, die respektlosen und geschmacklosen Formen, mit denen sie diese Unbotmäßigkeit zum Ausdruck brachten, war auch Ausdruck ihrer Verzweiflung bei ihrer eigenen Zukunftsperspektive.*

Die Botschaft, die Gollwitzer in seinem Buch verbreiten wollte, war eine doppelte. Zunächst einmal wollte er deutlich machen, dass die Sinnfrage nichts anderes ist als die Gottesfrage schlechthin. Die Suche nach Sinn ist in Wahrheit die Suche nach Gott. Allerdings nicht als theoretische, gedankliche Suche. Es geht darum, das eigene Leben zu verändern. Diese Wahrheit scheint aus der traditionellen Theologie ausgewandert zu sein. Das Reden von Gott ist ein *Totreden Gottes, wo es folgenloses Gerede bleibt. Nur Lebensfolgen, nur darauffolgende Lebenszeichen können eine christliche Rede von Gott verifizieren.* Allein schon Jesu Gebot der Nächstenliebe macht uns mitverantwortlich für die äußeren Verhältnisse, etwa die Arbeitslosigkeit oder die Not der Völker in der Dritten Welt.

Dass diese politische Verantwortung des Christentums am ehesten in den Zielen einer gerechteren, humaneren und freieren Gesellschaft eingelöst werden kann, gehört zu den grundlegenden Gedanken Gollwitzers – er sieht sie am ehesten in den Zielen einer sozialistischen Utopie abgebildet. Freilich lässt sich diese Gesellschaft nicht *herstellen*, was erreicht werden kann ist nicht *die gute Gesellschaft*, sondern lediglich eine *bessere*.

Der zweite Akzent, den Gollwitzer setzte, machte sein Buch neben dieser politischen Ausrichtung zu einem bedeutenden theologischen Werk der Gegenwart: Er kann den Namen „Gott" auf neue Weise buchstabieren, indem er ihn mit der Frage nach dem Lebenssinn zusammendenkt. Gollwitzer erläuterte mir diesen Akzent als einen dialektischen Vorgang: Die Begegnung mit dem Evangelium geschehe, soweit er es absehen könne, immer in einer doppelten Richtung: *Ich werde befreit vom Blick auf mich selbst und meine Leistungen – davon hängt mein Leben nicht ab. Der Sinn ist etwas, was ich empfange. Und dann aber umgekehrt die Frage: Was tust du selbst dazu und inwiefern zerstörst du deinen Lebenssinn durch Abwendung von deinem Mitmenschen.*

In „Krummes Holz, Aufrechter Gang" bringt Gollwitzer diesen Sachverhalt auf eine einfache These: *Die Sinnfrage wird uns in allen ihren Formen – warum Übel, warum Leid, Tod usw. – nicht einfach im Evangelium beantwortet, sondern die Antwort wird uns erst verheißen. Durch diese Verheißung können wir leben, ein Leben mit ungelösten Fragen. Mit ungelösten Fragen leben, das scheint mir eigentlich das Wichtigste zu sein.*

Eine aufs erste beunruhigende Sicht auf das Christentum, weil es keinen endgültigen Trost zu versprechen vermag. Andererseits weckt diese Aussage Zuversicht und Lebenskraft zugleich, weil Gollwitzer darauf verzichtet, das Christentum zu einer „Patentlösung" für die Frage nach dem Sinn des Lebens zu machen. Die Hoffnung auf den verheißenen Sinn, auf Gott, erfüllt den Menschen mit einer Kraft, *dass er wieder jung wird wie ein Adler.* Aber sie macht ihn nicht immun gegen Sinnkrisen. Gleichzeitig zieht Gollwitzer eine scharfe Grenze zum Marxismus, der behauptet, die ungelösten Fragen würden gelöst – dies sei eine der problematischsten Seiten des Marxismus.

Neuntes Kapitel
Abschiede

❖

Wir kommen aus Licht und gehen in Licht.

❖

Ein theologisches Testament

Im Sommersemester 1975 beendete Gollwitzer seine offizielle Lehrtätigkeit an der Freien Universität Berlin. Wie sein großer Lehrer Karl Barth fasste er seine grundlegenden Ansichten über die evangelische Theologie zusammen – später veröffentlicht unter dem Titel *Befreiung zur Solidarität*. Das „theologische Testament", wie der Publizist Heinz Zahrnt diese Vorlesung nannte, urteilte: *Die Neugier, mit der der Leser es zunächst in die Hand genommen hat, ist bald gestillt, denn Neues gibt es hier nicht zu lesen – es ist alles schon einmal dagewesen*. Tatsächlich verraten weite Teile der Vorlesung, dass Gollwitzer im Grunde seines Herzens ein konservativer Theologe ist, dessen Feuer sich stets in den gleichen Situationen entzündete: in der unmittelbaren menschlichen Begegnung und in der politisch-gesellschaftlichen Konsequenz seines Glaubens. Darum liegt auch ein Hauch von Utopie über diesem theologischen Testament – das allein schon hebt es heraus aus den nüchternen Erwägungen vieler Theologen unserer Zeit. Die Schriftstellerin Ingeborg Drewitz hat die große Stärke Gollwitzers in einem kleinen „Versuch eines Porträts" zu seinem siebzigsten Geburtstag treffend charakterisiert: *Er hat keine neue Lehre entworfen, aber er hat die Ur-Lehre wieder gelebt*. In der Tat lag es Gollwitzer nicht am Herzen, eine umfassende

1983

Dogmatik zu entwerfen, für ihn war die Theologie eine viel zu „praktische" Wissenschaft.

Frieden als Aufgabe

Als am 10. Oktober 1981 in Bonn über 20 000 Menschen zu einer Demonstration für den Frieden zusammenkamen, da marschierte unter den vielen jungen Leuten auch ein kleiner Block älterer Teilnehmer. Jürgen Treulieb entdeckte in dieser Gruppe auch Helmut Gollwitzer, seinen ehemaligen Hausherrn in Dahlem. Er erinnerte sich: „Als wir in der Nähe der Tribüne ankamen, wo für die Älteren eigens Stühle aufgestellt waren, wurde von den jungen Friedensmenschen halb bewundernd, halb spöttisch die Szene mit den Worten kommentiert: ‚Ach, da kommen die APO-Opas.'"

Als der „Opa" Gollwitzer ans Mikrofon tritt, wirkt er alles andere als alt. Die Stimme des Zweiundsiebzigjährigen klingt zwar schon ein wenig brüchig, strahlt aber zugleich eine feste Entschlossenheit und fast jugendlichen Elan aus. *Wir rücken ihnen jetzt auf den Leib, hier in Bonn*, beginnt er seine Rede und wird gleich von frenetischem Beifall unterbrochen. Gollwitzer spricht von einem neuen Verständnis von Demokratie, klagt die misstrauische Kontrolle der Politiker durch die Bürger ein, heute erst recht. Nur *unsere Weigerung, das schwachsinnige Weitermachen auf dem Wege der Zerstörung der Erde und der Erhöhung der Kriegsgefahr weiter mitzumachen* könne das noch ändern. Friedensfähig werden, abrüstungsfähig werden – *das müssten die Völker ihren Politikern beibringen durch konsequente Rüstungsverweigerung und Rüstungsverhinderung*. Die kurze Rede stößt auf breite Zustimmung – sie bestätigt, dass Gollwitzer noch lange nicht zum alten Eisen gehört. Wenige Monate zuvor hatte er auf dem Hamburger Kirchentag am 20. Juni 1981 die Schlussrede bei der Friedensdemonstration gehalten, hatte behauptet, die Politiker hätten doch nur Angst vor der Bergpredigt, wenn sie vor dem Missbrauch des Evangeliums warnten. Gollwitzer appellierte an *deutsche Gewissen*, doch endlich aufzubrechen und den Rüstungswahn nicht mehr mitzumachen. Kaum eine Friedenswoche, an der er nicht öffentlich auftrat, Reden zum Antikriegstag, 1983 Sitzblockaden gegen die Raketenstationierung im schwäbischen Mutlangen, gemeinsam mit seiner Frau Brigitte wegen Nötigung zu einer Geldstrafe verurteilt. Die atomare Abschreckung hat Helmut Gollwitzer stets für einen politischen Irrweg gehalten, vor allem für Christen nicht akzeptabel: *Wer sich auf solche Weise sichern will, der kann nicht mehr glauben und lieben im Sinne der Bergpredigt.* Christen müssten darum Anwälte einer Vertrauen schaffenden Politik sein. Die drängendste Glaubensforderung sei heute, aus der Klammer, mit der die heutige Rüstung das christliche Leben umgibt und privatisiert, auszubrechen.

Die Konsequenz und Radikalität, mit der Gollwitzer diese politischen Urteile aus der Bibel ableitet, hat viele bestochen. Sie hat es anderen, die politisch nicht so urteilen, dagegen leicht gemacht, sich von ihm zu distanzieren, ihn auf die Seite der Ideologen zu schieben. Für Gollwitzer war das bedingungslose Engagement für den Frieden aber ein Erbe seiner Erfahrungen in der Nazizeit, im Krieg und in der Gefangenschaft. Sie haben seine theologische Einstellung geprägt. Das hat der damalige Ratsvorsitzende der Evangelischen Kirche in Deutschland, der badische Bischof Klaus Engelhardt, der Gollwitzers politischen Kurs nicht teilte, klar erkannt. Auf die Frage, ob Gollwitzer bei seinen Einmischungen in die Politik die Theologie vernachlässigt habe, antwortete er: „Er hat sich in die Politik eingemischt, weil er es nicht losgeworden ist, Theologe zu sein. Auch dort, wo ihm widersprochen wird, kann nicht in Abrede gestellt werden, dass ihn in seinem politischen Zeugnis der Auftrag der Kirche umgetrieben hat, so wie er ihn verstand.

Wir dürfen unbequeme oder zum Widerspruch reizende Leute nicht einfach dadurch abqualifizieren, dass wir erklären, mit Kirche und Theologie habe das nichts zu tun."

Schmerzliche Verluste

Der Juli des Jahres 1986 begann nicht wie die vielen anderen in den Jahren zuvor: Die Freude auf die nahenden Ferientage im südlichen Schwarzwald – dort hatten die Gollwitzers eine kleine Ferienwohnung, erst in Urberg, dann im nahen Wolpadingen – war getrübt. Seit Anfang des Jahres litt Brigitte unter starken Schmerzen, die Sorge vor einer schlimmen Krankheit lag auf dem Ehepaar. Im August schließlich fiel das Todesurteil: Krebs, nicht mehr aufzuhalten. Die vorsichtige Hoffnung der vergangenen Monate war vergeblich gewesen. Die Freunde hörten keine Klagen – weder von ihr noch von ihm. Nur wenige Wochen waren den beiden nach der Diagnose noch vergönnt, er harrte in stiller Liebe bei ihr aus, auch am Sterbebett. Eine Freundin erzählte, Brigitte habe „den Schmerz angenommen, aber sich noch stärker um Helmut gesorgt, den Zurückbleibenden". Ihre Sorge war berechtigt. Als sie am 1. Oktober starb, veränderte sich sein ganzes Leben. Wie es wirklich in ihm aussah, darüber ließ er wenig nach außen dringen – wie in früheren Jahren. Man kann nur ahnen, wie tief ihn der Verlust getroffen hat. Zwei Jahre später deutete Gollwitzer in einem Gespräch im Sender Freies Berlin die tiefe Verzweiflung an, die ihn getroffen hatte: *Inzwischen ist für mich der Mensch, der in der zweiten Hälfte meines Lebens mein Leben ganz ausgefüllt hat, mir genommen worden, das hat mir mein Leben unwichtig gemacht, oder zu einer Auflage: Ich möchte gerne sterben heute, das ist die Lage.*

Der Lebenswille schien gebrochen – auch wenn Gollwitzer seine Heiterkeit nie ganz verloren hat. Doch sie blitzte seltener auf als zuvor. Die Alterserscheinungen nahmen rascher zu als zuvor, er konnte schon lange nicht mehr lesen, vergaß vieles, der Schlaganfall, den er erlitten hatte und oft zum *Schlägle* heruntersielte, hatte ihm doch mehr zugesetzt, als er zugeben wollte. Ob er sich „alt und lebenssatt" fühle, wie die Bibel oft von alten Männern berichtet, fragte ihn der SFB-Journalist im gleichen Gespräch. *Ja*, antwortete Gollwitzer zögernd, und dann: *Ich kann doch nicht zu meinem göttlichen Vater sagen 'Das war so wenig, ich möchte noch mehr'. Nein. Sondern ich sehe ein, das war so viel, dass es jetzt genug ist. Ich bin ganz einverstanden, wenn das zu Ende geht.*

Versorgt fühlte er sich allerdings auch weiter, Freunde umgaben ihn, vor allen anderen die Familie seines Schülers Friedrich-Wilhelm Marquardt, aber auch ehemalige Hausbewohner, Studenten, die inzwischen längst ihr Studium abgeschlossen und selbst als Politiker oder Professoren in Lohn und Brot standen.

Andere Weggenossen hatte er längst verloren, zehn Jahre vor seiner Frau den wohl nächsten Freund Gustav Heinemann. Die Ehepaare hatten lange Jahre gemeinsam die Ferien im Südschwarzwald verbracht, lange Spaziergänge und viele Abende mit Diskussionen und Spielen hatten sie immer enger verbunden. „Die beiden waren", so erzählte die Publizistin Carola Stern, „wie zwei Jungen, die zusammen Schularbeiten machen. Gustav Heinemann stellte seine schwarze Tasche neben den Stuhl, Helmut Gollwitzer holte eine Sammelmappe vor, und dann wurden ausgetauscht: Zeitungsausschnitte, Aufsätze, Literaturangaben, die jeder für den anderen sammelte: 'Was denkst du darüber? Was würdest du sagen?'"

Am Ende, als Heinemann todkrank in einem Essener Krankenhaus lag, wachte er am Bett, sang dem Freund Gesangbuchlieder vor und betete mit ihm. *Er ist ein toller Mann gewesen in seiner Schweigsamkeit, Unbeirrtheit*, erinnerte sich Gollwitzer an ihn, *wahrscheinlich stark geprägt auch durch sein erst in reifen Jahren entdecktes Christentum, das ihn sehr erfüllt hat.*

So intensive Freundschaft hat ihn mit anderen nicht mehr verbinden können, auch nicht mit den neuen alten Freunden Kurt Scharf, dem ehemaligen Bischof von Berlin-Brandenburg, und Heinrich Albertz, dem Regierenden Bürgermeister von Berlin, der nach seiner Regierungszeit wieder Pfarrer wurde. Zeitungsjournalisten nannten sie die „Dreierbande" wegen ihrer regelmäßigen Treffen und ihrer Gemeinsamkeit: Alle drei waren oppositionelle Geister, streitbar vor allem in der Friedensfrage, einander verbunden seit den Tagen der Bekennenden Kirche. Scharf war 1990 gestorben, den Tod von Albertz nahm Gollwitzer schon nicht mehr wahr, er starb kurz vor ihm 1993.

Ein Leben im Dank

In einem der letzten Rundfunkgespräche mit Gollwitzer ereignete sich eine rührende Szene. Der Journalist Ekkehard Pohlmann befragte ihn im Dezember 1988 zum Sterben und zum christlichen Verständnis von Tod und Auferstehung. Dabei kam er auf das Stichwort „Ewigkeit" zu sprechen, Gollwitzer griff das Wort auf, sagte: Dieser Ausdruck stelle unser Leben in einen größeren Horizont – nicht einer endlosen Weite, sondern *den Horizont einer persönlichen Beziehung, die aber nicht vergeht wie alle anderen persönlichen Beziehungen.* Und dann fuhr er fort: *Unser Leben ist nicht ‚wurscht' – meinem nächsten Menschen ist mein Leben nicht ‚wurscht', aber gibt's noch irgend jemanden, dem es nicht ‚wurscht' ist?* Die Antwort war schlicht: *Das Evangelium bedeutet, dass aus der Ewigkeit – sagen wir in der Kirchensprache, also: aus dem großen, umfassenden Rahmen von Zeit und Raum – eine Stimme hervortritt und sagt: Du bist mir nicht ‚wurscht'! – Ja, mehr kann ich eigentlich nicht sagen, denn dann warte ich jetzt gespannt, was daraus wird.*

Das Gespräch wurde regelmäßig durch Musik unterbrochen, die der Studiogast ausgesucht hat. Gollwitzer hatte sich ein Chorstück aus den „Symphoniae sacrae" von Heinrich Schütz gewünscht mit dem Titel „Ich werde nicht sterben, sondern leben". Als der Journalist das Stück ansagt, beginnt Gollwitzer zu singen, seine sonst eher sachliche und schon fast greisenhaft brüchig klingende Stimme wird mit einem Mal klar. *Ich werde nicht sterben*, sagt er, unterbricht: *Ach, das ist herrlich, ja, ja, gut.*

Die eingespielte Musik überdeckte die Rührung, die beide in diesem Moment ergreift. Gewiss – große theologische Einsichten vermittelt die Szene nicht. Aber sie macht deutlich, in welcher fast naiven Frömmigkeit Gollwitzer zu Hause war. Das zeigte sich auch später im Gespräch, als der Journalist fragte, ob denn die zahlreichen christlichen Trostworte an Gräbern nicht zu Floskeln erstarrt seien. Gollwitzer wehrte ab: *Weil sie nur da, wo Leidtragende weinen, noch hervorgeholt werden aus einem alten Koffer. Sie müssen wirklich geglaubt werden. Wenn es noch christlichen Glauben gibt, dann gibt es ihn so, dass aus der Fülle eines Lebens mit Gott, mit dem Lebenswort des Evangeliums, dem Tod seine Endgültigkeit bestritten wird.* Das klingt anders als der lapidare Satz „Mit dem Tod ist nicht alles aus", es lässt eine Wirklichkeit des Glaubens jenseits unserer Vorstellungswelt ahnen, in der wir in Gott aufgehen.

Jürgen Treulieb hat die letzten Tage im Leben Gollwitzers aus nächster Nähe erlebt. Der alte Mann mochte es ganz gern, was er sich zuvor nie gegönnt hatte: Er ließ sich das Frühstück ans Bett bringen. *Ich fühle mich wie ein englischer Lord*, sagte er. Ein sonniger Herbsttag, der 16. Oktober 1993. Jürgen Treulieb hatte sich von einem Freund ein Auto geliehen, kutschierte gemeinsam mit seiner Schwester den Alten an den Schwielowsee. Ein Spaziergang im Schlosspark, dann ein gemeinsames Essen – Gollwitzer aß Havelzander und trank dazu einen Schluck Wein. *Weißt du eigentlich, dass ich aus einer Blaukreuzlerfamilie stamme,* sagte Gollwitzer zu Treuliebs Schwester, *dafür bin ich doch ein ganz schön begnadeter Weintrinker geworden.* Und sang dann laut – nach der Melodie der englischen Nationalhymne ein Lied, das er bei der Blaukreuzlerjugend gesungen habe: „Wir fühlen uns so wohl ohne den Alkohol." Den Leuten im Restaurant, die ihn verwundert ansahen, habe er freundlich zugeprostet.

Am nächsten Morgen, wieder war ein kleiner Ausflug geplant, brach er auf dem Weg vom Bad in die Küche tot zusammen.

Am 29. Oktober begleiteten ihn weit über tausend Menschen auf dem letzten Weg, von der Jesus-Christuskirche, wo Gollwitzer oft gepredigt hat, zur St. Annen-Kirche in Dahlem, wo er auf dem kleinen Friedhof neben seiner Frau begraben wurde. „Wir haben ihn", so schloss die Trauerpredigt von Friedrich-Wilhelm Marquardt, „in seinem alltäglichen Räuberzivil in den Sarg gebettet, nicht in einem Totenhemd: Karohemd und Cordhose. So wartet er darauf, dass Gott und Jesus sein Hoffen erfüllen werden."

Lebensdaten

1908	29. Dezember, Pappenheim: Geburt als Sohn des Pfarrers Wilhelm Gollwitzer und seiner Frau Barbara. Kindheitsjahre in Bad Steben, Schulzeit in Lindau und am St. Anna-Gymnasium in Augsburg
1928	Studienbeginn Ev. Theologie in München; erster Kontakt mit dem Chr. Kaiser Verlag
1930	Sommersemester in Bonn bei Karl Barth
1932	Erstes Examen in Erlangen, danach Predigerseminar in München
1933	Winter: Berufung durch Prinz Reuß zum Schlossprediger nach Ernstbrunn bei Wien
1935	Erste Begegnung mit Martin Niemöller in Köstritz/Thüringen
1936	Ausbildungsauftrag für junge Bekenntnistheologen in Thüringen; Ausweisung durch die Geheime Staatspolizei. Vom Bruderrat der Altpreußischen Union in Berlin mit dem Referat für theologischen Nachwuchs beauftragt.
1937	Promotion bei Karl Barth in Basel; nach Martin Niemöllers Verhaftung am 1. Juli faktisch dessen Nachfolger in der Dahlemer Gemeinde.
1940	3. September: Reichsredeverbot und Ausweisung aus Berlin. 5. Dezember: Endgültige Einberufung zur Wehrmacht nach Potsdam. Zunächst als Infanterist, dann als Sanitäter eingesetzt.
1941	Januar: Verlobung mit Eva Bildt; Mai: Stationierung in Paris
1945	Im Mai in der Tschechoslowakei in russische Kriegsgefangenschaft geraten. Eva Bildt nimmt sich während der letzten Kampfhandlungen in Berlin das Leben.

1949	Freilassung aus Kriegsgefangenschaft in Sibirien; am 31. Dezember Ankunft in Berlin
1950	Vom Sommersemester an Professor für Systematische Theologie in Bonn
1951	Frühjahr: Heirat mit Brigitte Freudenberg
1955	Rede auf der Paulskirchen-Versammlung am 29. Januar gegen die deutsche Wiederbewaffnung
1957	Stark beachteter Vortrag vor der Bonner Studentengemeinde „Wir Christen und die Atomwaffen"; zum Wintersemester Übernahme der Professur für Evangelische Theologie an der Freien Universität Berlin.
1958	Im Frühjahr erste Reise nach Israel; Teilnahme an der l. Christlichen Friedenskonferenz in Prag.
1959	Israel-Vortrag auf dem Münchener Kirchentag, dem 1961 die Gründung der Arbeitsgemeinschaft Juden und Christen beim Deutschen Evangelischen Kirchentag folgt.
1961	Einspruch der Baseler Behörden gegen Gollwitzers Berufung auf den Lehrstuhl Karl Barths.
1968	Juni: Demonstration der Studenten gegen den Schah-Besuch in Berlin; Trauerrede auf den von einem Polizisten erschossenen Studenten Benno Ohnesorg.
1973	18. März: Empfang der Buber-Rosenzweig-Medaille
1975	Vor der Emeritierung die letzte Vorlesung „Einführung in die Evangelische Theologie"
1976	15. Mai: Traueransprache für Ulrike Meinhof; 12. Juli: Ansprache zur Beerdigung von Bundespräsident Gustav W. Heinemann.
1981	Reden bei den großen Friedensdemonstrationen beim Hamburger Kirchentag und in Bonn

1983	Teilnahme an der Blockade gegen US-amerikanische Raketeneinrichtungen in Mutlangen; Verurteilung wegen Nötigung; 10. Dezember: Empfang der Carl-von-Ossietzky-Medaille der Internationalen Liga für Menschenrechte.
1986	1. Oktober: Tod von Brigitte Gollwitzer
1989	Verleihung der Ernst-Reuter-Plakette der Stadt Berlin
1993	Am 17. Oktober – wenige Wochen vor seinem 85. Geburtstag – stirbt Helmut Gollwitzer in seinem Berliner Haus. 29. Oktober: Dankgottesdienst in der Jesus Christus-Kirche und Beisetzung auf dem St.-Annen-Friedhof in Berlin Dahlem.

Bildnachweis

Titel unter Verwendung eines Fotos der Evangelischen Medienzentrale Berlin; Umschlag/innen: Schreiben Helmut Gollwitzers an Friedrich-Wilhelm Marquardt vom 14. Mai 1964, Evangelisches Zentralarchiv in Berlin/EZA 763/369; S. 2: KNA-Bild (1983); S. 4: privat; S. 16: Evangelisches Zentralarchiv/EZA 500/19705; S. 66: Fotoversand Sonnhild Mey; S. 108: epd-bild/Norbert Neetz

Die Zitate an den Kapitelanfängen stammen aus: Helmut Gollwitzer, Krummes Holz – aufrechter Gang, © by Gütersloher Verlagshaus, Gütersloh, in der Verlagsgruppe Random House GmbH, München.

Wir danken für die freundliche Abdruckgenehmigung sowie Unterstützung besonders dem Evangelischen Zentralarchiv Berlin, Dorothee Marquardt und Rotraut Gollwitzer

Bibliografie (Auswahl)

Originaltexte

... und führen, wohin du nicht willst. Bericht einer Gefangenschaft, München 1951
Die Christen und die Atomwaffen, München 1957
Israel – und wir, Berlin 1958
Forderungen der Freiheit. Aufsätze und Reden zur politischen Ethik. München 1962
... und lobten Gott. Predigten, gehalten in Dahlem 1938–1940, Berlin 1962
Die Existenz Gottes im Bekenntnis des Glaubens, München 1963
Gottes Offenbarung und unsere Vorstellung von Gott, 1964
Von der Stellvertretung Gottes. Christlicher Glaube in der Erfahrung der Verborgenheit Gottes, München 1967
Krummes Holz, aufrechter Gang. Zur Frage nach dem Sinn des Lebens, München 1970
Befreiung zur Solidarit. Einführung in die Evangelische Theologie, München 1978
Das hohe Lied der Liebe, München 1987

Sekundärliteratur

Aktion Sühnezeichen/Friedensdienste / Gustav-Heinemann-Initiative (Hg.): Frei sagen, was recht ist. Brigitte Gollwitzer 1922 bis 1986, Berlin 1986
Brinkel, Wolfgang (Hg.): Es geht nichts verloren. 1908 bis 1993, Göttingen 1994
Marquardt, Friedrich-Wilhelm, u.a.: Helmut Gollwitzer. Skizzen eines Lebens, Gütersloh 1998
Marquardt, Friedrich-Wilhelm / Kabitz, Ulrich: Begegnungen mit Helmut Gollwitzer, München 1984
Pangritz, Andreas (Hg.): Ich werde nicht sterben, sondern leben. Über Helmut Gollwitzer, Berlin 1998

Zitate über Helmut Gollwitzer

Helmut Gollwitzer war die radikale Stimme des Gewissens im Nachkriegsdeutschland.
Albert H. Friedlander

Sein kritisches Wort, das immer von der Liebe zu den Menschen getragen und vom Ringen um Gerechtigkeit geprägt gewesen ist, wird uns sehr fehlen.
Johannes Rau

Es war schwer, in jeder einzelnen Frage seine Meinung und Haltung immer nachzuvollziehen. Doch es war unmöglich, von seinem Anruf unberührt zu bleiben.
Richard von Weizsäcker

Ein zorniger Mann, ein frommer Mann! So provozierend sein Aufbrausen sein konnte, so anrührend seine Frömmigkeit.
Robert Leicht

Ich erfuhr ihn als theologischen Lehrer in Leidenschaft, sehr wissend und kühn parteilich, und als Prediger, hochaktuell, rücksichtslos freimütig, freimutig.
Kurt Scharf

Gollwitzer war, wie auf seinem Grabstein steht, „Pfarrer der bekennenden Kirche". Meint: Er legte die Bibel als Wort Gottes so aus, dass es die Menschen tief im Herzen ansprach, aber auch aufregte.
Christoph Markschies